JN098512

新版 わかる つかえる

学校法人の税務実務

ポイントと Q&A

公認会計士
佐々木 正

税務経理協会

新版の発刊にあたって

　平成25年12月に本書の旧版を上梓してから７年が経過し，この間に学校法人を取り巻く制度や環境も大きく変化してきています。

　とくに税務に関する制度は変遷の速度がはやく，本書（旧版）の記載内容もすでに陳腐化した部分が多くみられることとなりました。とりわけ，令和元年10月には消費税率の改正が実施され，ますます複雑な事務処理が求められることとなっています。

　また，学校法人の税務はある意味で特殊領域に位置付けられますが，学校法人の税務を全体として理解するには，学校法人に独特の課税の減免や非課税の制度を理解するのみでは足りず，ベースとして各税目の基本的・一般的な税制の概要を理解することも重要です。

　そこで本書では近時の税制改正を踏まえて旧版の記載内容を全面的にアップデートするとともに，基本的・一般的な税制に関する解説を拡充することにも努めました。

　なお，税法条文よりもまず取引事実が先にあり，それに税法がどのように適用されるのかを整理する，という旧版執筆時の記述姿勢を維持したつもりです。

　本書が読者の皆様の実務にいささかでもお役に立てば幸甚です。

　令和２年９月

佐々木　正

～学校法人税務の基本ポイント～

1　学校法人を取り巻く主な税金の概要

　まず，学校法人を取り巻く税金にはどのようなものがあるか，その概要を一覧表示します。

課税庁	税　　目	課税方式	課税時期	関連する事務
国	法人税，消費税	申告納付	各年度毎	会計・決算を基礎とする
	源泉所得税	徴収納付	毎月	給与計算等，年末調整
	登録免許税，印紙税	納付または貼付	申請時または文書作成時	
都道府県	法人県民税，法人事業税	申告納付	各年度毎	会計・決算を基礎とする
	不動産取得税	賦課納付	取得時	
市区町村	法人市民税	申告納付	各年度毎	会計・決算を基礎とする
	個人住民税（特別徴収）	徴収納付	毎月	給与計算
	固定資産税	賦課納付	毎年1月1日	

　学校法人に適用される税目（税金の種目）自体は会社等一般の営利法人の場合と同様ですが，学校法人については各所に課税の減免や非課税の制度が定められており，それが学校法人の税務の特殊性となっています。

　学校法人の税務を全体として理解するには，学校法人に独特の課税の減免や非課税の制度を理解するとともに，各税目の基本的・一般的な税制の概要を理

解することが重要です。

② 学校法人の税務に対する全般的な留意点

学校法人における税務実務の全般的な留意点として，次のような点に心がけていただくことをおすすめします。

1 何が課税対象であるのかを整理する

わが国にはさまざまな税目があり，それぞれ特定の課税対象（取引，所得，行為，取得，所有など）について課税が行われていますが，**自学校法人のどのような取引や行為等が課税対象となるのか，その概略を普段から積極的に整理しておく姿勢が望まれます。**これを行うことにより，日常の税務業務が正しく行われているかどうか，また，さらに節税の余地がないかどうかの検討の契機になり得ます。さらに，学園が新しい事業を行うような場合に，課税の有無や多寡等，税務コスト面での意思決定に必要な情報を迅速に用意することができます。

2 現在の処理で問題がないか

過去に税務調査等で指摘されたことがない処理についても，**現在行っている処理で本当に問題がないのか普段から見直し，検討・記録しておくこと**をおすすめします。税務調査は，必ずしも学校のすべての税務処理について把握・検討するものではありません。また，税務調査で妥当と認められた処理であっても，調査時点での状況と異なる状況になった場合には認められなくなることもあり得ます。普段から問題意識をもって見直し，改めるべき点があれば改めるとともに，その経過・結論を記録し，関係証憑を整えておくことは，次の税務調査での紛議を未然に防ぐ対策であるということにもなります。

また，当年度に複雑な税務判断を要する案件が発生した場合には，期中の早

い時期に時間的な余裕をもってその取扱いにつき検討しておくことが求められます。

　なお，とくに税務上の微妙な判断を行う場合には，事実関係をよく整理し，税法や通達の条文そのものを確認することが肝心です。

3　周辺会計は大丈夫か

　前項とも関連しますが，学校法人会計のうちのいわゆる**周辺会計の領域を，税務の見地から整理しておく**ことが望まれます。周辺会計については別途，人格なき社団としての税務が必要になる場合があります。また，周辺会計のなかには，代表者，事務担当者等が学校法人の役員や教職員であったり，資金の出納事務を学校の事務局で行っている等，組織として学校から独立して運営されているかが疑われるケースがあります。このような場合は会計処理上も問題となりますが，税務上も，学校法人そのものの活動として扱うべきではないかとの疑義が生じ得ますので，活動の実態を把握・整理し，その扱いと根拠を明確にしておくことが必要です。またこれに関連して，外部者からの，学園から独立した団体に対する寄付金は，学校法人に対する寄付金には該当せず，したがって寄付者は所得税の寄付金控除等の適用が受けられないおそれがあることにも注意が必要です。

4　税制改正の動向に注意する

　税制は，頻繁に改正されますので，たえずその動向に注目することが求められます。たとえば消費税については令和元年10月に税率が10％に引上げられるとともに，食料品等には軽減税率が導入されています。

　税制改正には経過措置も含めて適切な対応が望まれます。

5　地方税については条例や公表物を確認する

　都道府県税や市区町村税のような地方税については，基本的には地方税法に定められていますが，これはあくまで基本的・標準的な定めであり，実務的に

は，具体的な規定の多くが，この標準の範囲内で各都道府県や市区町村が定める条例に委ねられ，**地方税の税務の大部分はこれら条例に基づいて行われています**。

　地方税に関する**条例は**，各都道府県や市区町村ごとの個別的なものであるため，これに関する解説書等はほとんどないのが実情です。

　したがって，地方税については本来，所轄の都道府県や市区町村の条例そのものを確認すべきですが，通常行う税務には，各所轄都道府県や市区町村が発行する税務関係のパンフレットや冊子，ホームページなどの情報も十分役立ちます。

6　経理部署以外の者もそこそこの税務知識が必要

　経理担当部署の職員以外の者も，そこそこの会計や税務の知識が必要です。会計・税務が関係する業務は，経理部署のみならず学園の全部署で発生し得ますので，それぞれの部署の者も，その部署で行う業務に関してそこそこの会計・税務知識は持たなければならないというわけです。

　たとえばさまざまな収支について，経理担当者は日々の会計処理を行う際，消費税の課否等を判断して仕訳入力等をしなければなりませんが，その判断に必要な情報は，その発生部署でなければ把握できない場合が多々あります。そのため，**その発生部署の者が，少なくとも消費税の課否等の判断にはどのような情報が必要かを認識していることが必要**なのです。

　経理担当部署は，こうした事情があることを関係部署に発信し，会計・税務処理に必要な正しい情報が適時に入手できる環境とすべく心がけることが望まれます。

目　　次

目　　次

（略　語）

法法…法人税法，法施令…法人税法施行令，法施規…法人税法施行規則，

法基通…法人税基本通達，消法…消費税法，消施令…消費税法施行令，

消基通…消費税法基本通達，所法…所得税法，所施令…所得税法施行令，

所施規…所得税法施行規則，所基通…所得税基本通達，

措法…租税特別措置法，措施令…租税特別措置法施行令，

措施規…租税特別措置法施行規則，措通…租税特別措置法通達，

相法…相続税法，登免法…登録免許税法，印法…印紙税法，

印基通…印紙税法基本通達，地法…地方税法，地施令…地方税法施行令

（凡　例）

法法２十三…法人税法第２条第十三号

法施令73①…法人税法施行令第73条第１項

地法348②九…地方税法第348条第２項第九号

地施令７の４…地方税法施行令第７条の４

I　学校法人の法人税等
（収益事業の税制）

1　法人税法の収益事業課税のあらまし

法人税とは…一般に会社等営利法人の各事業年度毎の所得に対して課税される税金です。非営利法人である学校法人の収支（所得）については原則として法人税は課税されず，特定の事業（税務上の収益事業）を行う場合に，その所得についてのみ課税されます。これは，法人住民税・法人事業税についても同様です（以下，これらを含め法人税等といいます）。

　学校法人の行う事業について法人税等は原則として非課税であり，特定の収益事業に対してのみ課税されます。

　法人税等の課税対象となる収益事業とは，**「法人税法施行令に定められている34業種のいずれかを」**，**「事業場を設けて」**，**「継続して営んでいる」**場合です（法法2十三）。

　私立学校法上，文部科学大臣所轄学校法人が行うことができる収益事業として，文部省告示第96号（最終改正平成28年6月）において18業種が認められていますが，税務上はこれにかかわらず，上記のように規定されています。したがって，私立学校法上の収益事業を行っている場合のみならず，学校法人会計本体（補助活動収入や雑収入等）の中に該当する収入があればそれらも法人税等の課税対象となります。

1　課税34業種について

　まず，法人税等の対象となる収益事業は，法人税法施行令第5条第1項に定められている34業種に限定されますが，次のように，学校法人が収益事業として行う可能性のあるものはごく特殊なものを除きほとんど含まれていますので，この要件は現実の課否判定上はあまり意味がないものと思われます。むしろ，**これらの業種に該当しても法人税の課税対象から除かれる部分がありますので，**

その範囲を明確にしておくことが重要となります。

［法人税課税対象34業種］（法施令5①，法基通15－1－9～15－1－70）

1　物品販売業　　2　不動産販売業　　3　金銭貸付業　　4　物品貸付業

5　不動産貸付業　　6　製造業　　7　通信業　　8　運送業　　9　倉庫業　　10　請負業　　11　印刷業　　12　出版業　　13　写真業　　14　席貸業　　15　旅館業　　16　料理店業その他の飲食店業　　17　周旋業

18　代理業　　19　仲立業　　20　問屋業　　21　鉱業　　22　土石採取業

23　浴場業　　24　理容業　　25　美容業　　26　興行業　　27　遊技所業

28　遊覧所業　　29　医療保健業　　30　技芸教授業　　31　駐車場業

32　信用保証業　　33　無体財産権提供業　　34　労働者派遣業

　なお，税務とは別に，私立学校法上の付随事業および収益事業の範囲・規模等について，文部科学省通知「文部科学大臣所轄学校法人が行う付随事業と収益事業の扱いについて」（20文科高第855号）が発出されていることに留意が必要です。

2　「事業場を設けて」とは？

　法人税法上，「事業場を設けて営む」とは，固定的な施設において事業を行う場合だけではなく，その事業を行う上での拠点としての機能があれば事業場を設けていることになりますので，**かなり広い意味**といえます。むしろ，これに該当しないケースはまれであると考えた方がいいでしょう。（参考：法基通15－1－4）

(1)　学校法人の場合に最もよくあるケースは，校内売店や学内食堂のように，固定的な施設を設置してその事業を行う場合です。このような場合には，物品販売業または飲食店業固有（専用）の施設ということになり，明らかに「事業場を設けているもの」に該当します。

(2)　専用の施設を持っていなくても，既存の施設を利用して事業を営む場合

4

もあります。たとえば，講堂や体育館を何らかの興業等に利用させる場合があります。本来その施設（講堂，体育館）は収益事業を目的とするものではなく，教育活動を目的とした施設です。しかしこのような施設であっても，本来の目的に使用しない間に随時，興業等のために利用させているような場合には，事業場を設けているものとみなされます（法基通15－1－4）。

(3)　また，学校法人が収益事業を外部に委託して行う場合がありますが，このような場合は，学校法人の委託を受けて実際に事業を行う者が事業場を設けていればこの要件を満たすものとされます（参考：法基通15－1－2）。

(4)　学校法人ではあまり例がないかもしれませんが，移動販売や移動演劇興行のようにその事業を行う場所が点々と移る場合も「事業場を設けているもの」に含まれます。

3　「継続して営んでいる」とは？

学校法人が営む事業が法人税の対象となる収益事業に該当するには，事業場を設けて事業を行っているということのほか，継続して営まれていることが要件になります。

(1)　年間を通じて設置されている購買部や学生食堂が，継続して営まれるものに該当することは異論がないでしょう。このように年間を通じて営まれる事業のほか，たとえば，土地の造成および分譲，全集や事典の出版のように，通常一つの事業遂行に相当の期間を要する場合も「継続して営まれる」場合に該当します（法基通15－1－5⑴）。

(2)　さらに，**たびたび反復して行われる行為**も含まれます（法基通15－1－5⑵）。たとえば学校法人が年1，2回開催する程度のバザーであれば「継続して営まれる」とはいえませんが，毎月開催されているような場合はこれに該当することになるでしょう。

(3)　また，学校法人が営む一つの事業のうちの一部が収益事業に該当する場合は，その**事業全体が継続して営まれているかどうかにより判定すること**

とされます（法基通5－1－5（注））。たとえば，たまたま学校のグランドをある外部の団体の運動会の場所として貸したことがあったとしても，ただちに収益事業に該当するわけではありません。学校があらかじめ継続的に収益をあげることを意図してグランドを貸したわけではないからです。ただし，上記の団体の運動会のみならず，随時外部に貸しているような場合には，収益事業に該当しない貸付けも含め，その事業全体として継続的に収益をあげる意図があるものとみられます。継続して営むということは，その事業から収益を得ることを目的としているという学校法人の意図が継続しているかどうかにより判断されるといえます。

4　収益事業に付随する行為も課税される

収益事業に付随して行われる行為も課税対象となります（法施令5①本文）。

(1)　たとえば学校法人が収益事業としての出版業を営んでいる場合で，その出版物についての講演会を開催したり，その出版物に広告を掲載したりすることによる収入も，課税対象となります（法基通15－1－6(1)）。

(2)　また，学校法人が収益事業に該当する技芸教授業を営んでいる場合，その技芸教授に必要な教科書や教材の販売も課税対象です。一方，学校法人の本来の目的である教育が収益事業としての技芸教授業の業種に該当する場合がありますが（法基通15－1－1），修業期間が1年以上であること等一定の要件を満たすものは収益事業に該当しないこととされていますので，学則に規定して正規の教育として行われるような場合は，教科書等の販売を含め，収益事業とはならないでしょう（法施令5①三十イ，法施規7）。

(3)　学校法人が収益事業としての宿泊施設（旅館業）を営んでおり，随時その施設において会議等のための席貸しをするような場合も付随事業として課税対象となります（法基通15－1－6(3)）。

5　固定資産の処分損益

収益事業に使用している固定資産の売却や除却に伴って発生する損益は，原

則として収益事業の付随行為による損益とみなされます。たとえば学校法人で製造業に使用する製造設備の更新に伴う旧設備の除却損や，運送業を行っている場合の車両の買換えに伴う損益は，当然に収益事業に含まれます。しかし次のように，収益事業に使用していた固定資産の処分損益でも，収益事業に含まれない場合があります（法基通15－2－10）。

(1)　学校法人に対する収益事業の課税制度は，継続した事業活動から生じた所得に課税するという趣旨の制度ですから，付随行為の範囲も継続的な事業活動そのものに付随するものに限られます。土地等の長期保有に係る売却益は，長期間の所有によるキャピタルゲインであり，事業活動そのものの成果として獲得されたものとはいえません。そこで，**相当期間（おおむね10年以上）保有していた土地・建物等の不動産の売却・処分損益は収益事業に含まれないこと**とされています（法基通15－2－10(1)）。

(2)　また，**収益事業を廃止した場合の固定資産の処分損益**は，一種の清算損益であり，継続事業に対する課税を原則とする税法の見地からはその収益事業の付随行為ともいえず，**収益事業には含まれないこと**になります（法基通15－2－10(2)）。

6　収益事業収支の区分経理について

　学校法人の収益事業については，法人税法上は原則として区分経理が要求されています（法施令6）。学校法人が私立学校法上の収益事業を営む場合は，学校法人会計基準において会計処理（会計帳簿）も計算書類（決算書）も別にすることとされていますから，区分経理は自明のこととなりますが，学校の本会計の中の**補助活動収入やその他の付随事業収入などに法人税法上の収益事業に該当するものが含まれている場合**（実務的にはこの方が多いと思われます）には，課税される事業についての収支等を意識的に区分・集計しなければなりません。

　学校法人会計基準では，学校別等の部門別計算を行いますが，法人税法上の収益事業に該当するか否かの区分別の計算まで要求されているわけではありませんので，通常の会計処理をするほか，期末に会計帳簿をもとに**課税収支の集**

7

計表を作る等，何らかの方法で法人税法上の収益事業の収支を会計帳簿と関連付けておくことが必要です。

　なお，法人税申告書には収益事業の決算書および科目内訳書のほか，法人全体の収支計算書等の添付が必要とされています（法法74③，法施規35，基通15－2－14）。

7　非収益事業への内部寄付が控除される

　学校が収益事業で獲得した資金を非収益事業（教育事業）へ支出（資金を移動）すると，その金額は収益事業の所得計算上，寄付金（支出）とみなされ，次のいずれか大きい方の金額までが損金に算入されます（法法37⑤，法施令73①三）。

①　〔内部寄付金支出前所得金額〕×50／100

②　200万円

（注）　各種学校のみ設置法人の場合，〔内部寄付金支出前所得金額〕×20／100

　ただし，同時に一方で非収益事業（教育事業）の資金を収益事業に元入れする等，実質的に資金の移動がない場合には，この扱いは適用されません（法基通15－2－4）。

8　収益事業にかかる各税金の申告先，税率

　収益事業に対する課税は，収益事業の利益をもとに法人税法上の課税所得を算出し，これに税率を乗じて計算されます（利益≒課税所得）。

　たとえば収益事業の決算上計上された経費のうち，交際費，貸倒引当金繰入額や，上記7の内部寄付金などで税法の定める損金算入限度額を超えるものがある場合，**申告書（別表といいます）上で収益事業の利益にその超える額を加算して課税所得を算出します。**

　各税金の申告先および税率は下記のとおりです。

税　目	申告・納付先（所轄）および時期	税　率	
		R元.9.30まで開始年度（法人税を除き学校法人の場合はR元年度まで）	R元.10.1以後開始年度（法人税を除き学校法人の場合はR２年度から）
法人税	税務署 決算日後２か月以内	所得×19％，ただし所得800万円以下部分×15％ （別途，法人税額×4.4％の地方法人税）	所得×19％（R3.4.1以後開始年度から） （別途，法人税額×10.3％の地方法人税（R２年度から））
都道府県民税	都道府県税事務所 決算日後２か月以内	法人税額×標準税率3.2％ （制限税率4.2％の範囲で各都道府県が定める） ＋均等割(標準税率)20,000円	法人税額×標準税率1.0％ （制限税率2.0％の範囲で各都道府県が定める） ＋均等割(標準税率)20,000円
市区町村民税	市区役所，町村役場 決算日後２か月以内	法人税額×標準税率9.7％ （制限税率12.1％の範囲で各市区町村が定める） ＋均等割(標準税率)50,000円	法人税額×標準税率6.0％ （制限税率8.4％の範囲で各市区町村が定める） ＋均等割(標準税率)50,000円
事業税	都道府県税事務所 決算日後２か月以内	所得400万円以下部分 …所得×3.4％ 所得400万円〜800万円部分 …所得×5.1％ 所得800万円超部分 …所得×6.7％ （いずれも標準税率）	所得400万円以下部分 …所得×3.5％ 所得400万円〜800万円部分 …所得×5.3％ 所得800万円超部分 …所得×　7％ （いずれも標準税率）
地方法人特別税	都道府県税事務所 決算日後２か月以内	事業税の所得割税額×43.2％	廃止 一方，特別法人事業税導入 事業税の所得割税額×37％

（注）1　東京都区内は，区民税は都民税率に含まれ，事業税および地方法人特別税または特別法人事業税とともに申告納付先は，都税事務所となります。
　　　2　都道府県民税および市区町村民税は，収益事業の所得の90％以上の金額を非収益事業に充てている場合や欠損金の場合は，均等割を含め非課税となります（地施令７の４ただし書，同47）。（ただし，所得があれば申告は必要）

　なお，青色申告制度（欠損金の繰越控除，欠損金の繰戻し還付等が適用可能となる）は，学校法人にも適用されます（ただし，欠損金の繰戻し還付制度は法人税のみで，事業税，住民税等にはこの制度はありません）。

　また，法人税等の中間（予定）申告の制度は，学校法人には適用されません。

② 収益事業課税にかかる最近の税制改正

1 法人税・地方税の税率改正

前述（① 法人税法の収益事業課税のあらまし 8）のとおりです。

2 建物附属設備等の定率法償却の廃止

建物附属設備および構築物の償却限度額計算につき選定できる償却方法のうち，定率法が廃止され，定額法のみとなりました（平成28年4月1日以後取得する資産につき適用）。

3 私立大学の受託研究にかかる非課税要件の緩和

私立大学が外部からの委託を受けて行う研究事業については，特定の要件を契約書に記載する等して満たすものは収益事業の課税対象から除外されていますが，この要件のうち，実施期間が3ヵ月以上であること等の要件が不要とされました（平成29年4月1日以後開始事業年度につき適用）。

4 貸倒引当金の法定繰入率割増率の引下げほか

学校法人を含む公益法人等の貸倒引当金繰入れ限度額の法定繰入率については12％の割増しが認められていましたが，この割増率が10％に引き下げられました（平成29年4月1日以後開始事業年度につき適用）。

また，この割増率が次のとおり年度ごとに段階的に低減し，最終的には廃止されることとされました。

年度	H31.4.1〜 R2.3.31 開始年度	R2.4.1〜 R3.3.31 開始年度	R3.4.1〜 R4.3.31 開始年度	R4.4.1〜 R5.3.31 開始年度	R5.4.1以後 開始年度
割増率	8％	6％	4％	2％	廃止

5　欠損金の繰越控除期間の延長

　青色申告事業年度の欠損金額の繰越期間が10年に延長されました。これに伴い，帳簿保存期間，欠損金にかかる更正の請求期間も10年に延長されました。

（平成30年4月1日以後開始事業年度に生ずる欠損金から適用）

6　法人税等申告書の代表者等自署押印の廃止

　法人税および事業税の申告書には代表者および経理責任者の自署押印が義務付けられていましたが，これが廃止されました（平成30年4月1日以後終了事業年度から適用：ただし，代表者の記名押印は引続き必要）。

7　交際費の損金算入特例対象法人の縮小

　接待飲食費について支出額の50%を損金算入できる特例の適用対象法人から，期末資本金が100億円を超える法人が除外されました（令和2年4月1日以後開始事業年度から適用）。

　（この他，平成29年度改正で，災害損失欠損金繰戻し還付など，災害特例制度が設けられました。また，令和2年3月以降，新型コロナウィルス感染症対策として納税猶予の特例ほかの税制特例措置が設けられました。）

③ 収益事業課税に関する実務ポイント

Q1 「事業場を設けて営む」とは

　私共の学校では，新入生の入学時および在学生に，指定した洋装店で制服を仕立てさせています。洋装店からは売上高の５％の販売手数料収入があります。なお，校内の施設は使用させていませんので，「事業場を設けて営む」ことに該当しないので，収益事業にはならないと思いますが，どうでしょうか。

Answer

　収益事業の仲立業に該当します。

　質問のケースでは，学校は，洋装店（販売行為を行う者）と学生（顧客）の間で行われる制服（商品）の売買についての仲介（仲立業）をしているのであり，学校自体は仲立業としての事務を行う場所を有していると解され，「事業場を設けて営む」ものとして扱われます（参考：法基通15－1－4）。

　なお，学校法人が制服の販売を業者に委託する場合もあります。この場合，学校法人は販売業としての施設を有していませんが，直接の販売者（洋装店）は，売場という事業場を設けており，このような場合は委託契約に基づく物品販売業に該当しますので，いずれにしても，収益事業に該当することに変りはありません（法基通15－1－2(1)）。

〔他税目の扱いと留意点〕

消費税…学校法人は消費税法上の事業者であり，収益事業であるか否かにか
　　　　かわらず，売買の仲介や物品の販売は，対価を得て行う役務の提供
　　　　として課税取引となります。

印紙税…学校法人が物品販売を業者に委託する場合の業務委託契約書や仲介
　　　　契約書は，委任契約であり，印紙税の課税文書には該当しません。
　　　　また，学校法人が発行する仲介手数料等の領収書は，印紙税法上の
　　　　営業に関しない受取書に該当し，非課税とされます（印法2，同別
　　　　表第一－十七非課税物件2）。

Q2　「継続して営んでいる」とは

　当学園には，大小二つの多目的ホールと三つの研修会議室があり，通
常はおおむね学内で使用していますが，随時，外部者に教育関係の会議
や各種研修会会場として有料で使用させています。このほか，一年に数
回映画会や展覧会の会場として利用させる場合もあります。これらは収
益事業に該当しないと思いますが，どうでしょうか。

Answer

　質問のケースでは，映画会や展覧会の会場として利用させる部分は，
不特定・多数の者の娯楽，遊興又は慰安に利用させる席貸業として収益
事業に該当します。このケースでは，映画会など，娯楽・遊興又は慰安
のための席貸しは，頻繁に反復してはいないかもしれません。しかし，
遊興目的ではない会議等の使用も含めて，全体としての席貸しは継続し

て行われているとみなされますので，そのうちの遊興などのための利用部分は収益事業に該当することになります（法基通15－1－5（注），同15－1－38）。

〔他税目の扱いと留意点〕

消費税…学校法人は消費税法上の事業者であり，収益事業であるか否かにかかわらず，外部者に有料で利用させるものについては，映画会等遊興のための席貸しのみならず，会議用等の席貸しも含めて，対価を得て行う役務の提供として課税取引となります。

Q 3　収益事業の人件費，経費の範囲

　本学園では，補助活動事業のなかで，税務上の収益事業に該当するものとして，付帯教育，物品販売，不動産貸付けを行っていますが，これらにかかる人件費や経費としては，どのような範囲のものが認められるでしょうか。

Answer

　学校法人会計では，通常，補助活動事業のうち税務上の収益事業にかかる収入・支出，資産・負債を区分把握することを求められていませんので，税務申告にあたっては，それぞれ，該当する部分を抽出して集計しなければなりません。この場合，とくに費用（人件費，経費）として認められる範囲が問題となりますが，これに関して税法は，「一般に公正妥当な会計処理の基準に従う」とされているだけです（法法22④）。通達

では，直接費（収益事業の収益獲得に直接必要な費用）をそのまま認めるほか，共通費については資産の使用割合，従業員の従事割合等により合理的に区分することとしています（法基通15－2－5）。実務上，間接費であっても，収益事業の収入に対して会計上の収益に対する費用としての対応関係が合理的に説明できるものは，その範囲に含めてよいと考えられます。

　たとえば人件費について，特定の職員が就業する時間の一部で収益事業に従事している場合には，その職員に係る人件費のうち，収益事業の従事時間の割合部分を収益事業の人件費として扱うことができるでしょう。

　また，経費については，その収益事業に直接必要な商品仕入原価や消耗品費等はもちろん，非収益事業と共用の建物や機器備品等の減価償却額や共通経費についても，使用時間の割合等で按分した額を収益事業の経費とすることができると思われます。

　実務上の留意点としては，ある支出が収益事業の費用として認められるためには，収益への対応関係を説明できる客観的な根拠事実を積極的に集計・記録し，事後，提示できるようにしておくべきでしょう。

Q 4　周辺団体の収支

　当学校法人では，後援会が毎年いくつかの行事を催し，その収益金（諸経費を差し引いた利益）を学校に寄付してきます。収益事業として課税されるでしょうか。

後援会，同窓会，ＰＴＡ等の周辺団体は，それらが学校法人とは別の独立した団体として運営されていれば，学校とは別個の人格なき社団として収益事業課税の対象となり，事業の内容のうちに収益事業に該当するものがあれば，その団体として法人税等の税務申告が必要となります（法法４①ほか）。一方，寄付を受け入れる学校法人としては収益事業には該当しません。ただし，意思決定や資金の管理の状況等からみて，学校法人から独立せず，学校法人そのものの活動の一部としての実態がある場合は，学校法人の収益事業として認定されるおそれがあり，留意すべきです。

〔他税目の扱いと留意点〕

消費税…消費税法上も，それが学校法人から独立した団体であれば，その団体が別途，消費税の対象としての事業者となり，学校法人が受け入れた寄付金は不課税収入（仕入税額控除額の計算上の特定収入）となります（消法３，同２①八，消基通５－１－２，消法60④）。

印紙税…寄付者が作成する寄付申込書は，単に契約の申し込みの事実を証明するための書類ですから，印紙税法上の課税文書（契約書など）には該当しません。また，学校が発行する寄付受領証は，営業に関しない受取書として非課税文書となります（印法別表第一－十七非課税物件２）。

Q 5　補助活動からの内部寄付金

　当法人では，補助活動収入勘定および雑収入勘定のなかに法人税の収益事業に該当するものが含まれているため，毎事業年度末に総勘定元帳からその収支を抽出して収益事業にかかる決算書を作成し，法人税等の税務申告を行っています。その決算書上，利益分相当の資金を非収益部門への内部寄付金として費用（損金）に含めていますが，認められるでしょうか。

Answer

　収益事業部門で獲得した資金を非収益事業（教育事業）部門へ支出（資金移動）すると，その金額が，収益事業の所得計算上，寄付金とみなされ，次のいずれか大きい方の金額までが費用（損金）に算入されます（法法37⑤，法施令73①三ロ，同ハ）。

　　①　〔内部寄付金支出前所得金額〕×50／100

　　②　200万円

　（注）　各種学校のみ設置法人の場合，〔内部寄付金支出前所得金額〕×20／100

　ただし，同時に一方で非収益事業の資金を収益事業部門に元入れする等，実質的に資金の移動がない場合には，この扱いは適用されません（法基通15－2－4）。

　質問の場合には，そもそも帳簿上部門が分離されていませんから，収益事業で稼得した利益分の資金は，そのまま非収益事業部門の資金に含まれることとなります。実務的には，収益事業の決算書（収益事業にかかる収支を抽出して作成したもの）の上で，非収益部門への寄付金としての表示をすることにより，上記寄付金の扱いが適用されます。

　（質問の場合，利益を計上していますので，非収益事業部門からの元入れ額を上回る資金を非収益事業部門へ移動しているものとして考えられますから，上記

ただし書きの適用はありません）

〔他税目の扱いと留意点〕

消費税…消費税では，学校法人全体の収支について，課税売上高および課税
　　　　仕入高等に基づいて税額を算定しますから，内部寄付を授受したと
　　　　みなす扱いはありません。

Q6　不動産貸付業と席貸業の留意点

　収益事業課税34業種のうち，不動産貸付業と席貸業の業種判定および
課否判定にあたってはどのような点に注意したらいいでしょうか。

Answer

　つぎのような点に注意が必要です。

①　不動産貸付業と席貸業の区分

　　不動産貸付業＝比較的長期にわたり継続して専用的に土地や施設
　　　　　　　　　を貸付けるもの。施錠や清掃等の管理責任が借主
　　　　　　　　　に移転する。

　　席貸業＝施設を特定の目的で比較的短期（時間，日等）に使用させ
　　　　　　るもの。

　　不動産貸付業と席貸業とでは課税範囲が異なりますので，まずそ
　の貸付けがこのどちらに該当するのかを判定することが重要となり
　ます。

②　席貸業の課否範囲（学校法人が通常行う可能性のあるものについて）

1	不特定または多数の者の娯楽，遊興，慰安のための席貸し（法施令5①十四イ）（例：野球場，テニスコート，体育館等を不特定の者に対してスポーツ，遊興等の目的で行う席貸し）		課税
2	上記以外の席貸し（法施令5①十四ロ）（例：教室の一部，講堂等を会議や研修会等の目的で行う席貸し）	①　国，地方公共団体への席貸し	非課税
		②　学校法人の主たる目的業務に関連する席貸し	非課税
		①　上記以外	課税

　上記の表の1には，不特定または多数の者の娯楽，遊興，慰安のための興行を行う事業者に対して一括して貸付ける場合も含まれます（法基通15－1－38）。なお，学校法人自らが興業的な事業を行う場合は，技芸教授業や興行業として課否を判定することになりますので，席貸業や不動産貸付業との混同に注意が必要です。

　また，上記課否範囲の表の2②の扱いに関して，他の学校法人が行う収益事業に該当する講習会等の会場として使用させる席貸しはこれに該当しないものとして，収益事業として課税された事例があります（国税不服審判所　平成2年11月21日裁決）。

③　不動産貸付業の課否範囲（学校法人が通常行う可能性のあるものについて）

1	国または地方公共団体に直接貸付けられる不動産の貸付け（法施令5①五ホ）		非課税
2	住宅の用に供される土地の貸付け（法施令5①五へ）（床面積の1／2以上が居住用の家屋の敷地で面積が家屋の床面積の10倍以下のもの）	①　地代がその貸付期間の固定資産税・都市計画税の3倍以下であるもの（法施規4）	非課税
		②　上記以外	課税
3	上記以外（法施令5①五）		課税

なお，駐車場の貸付けは駐車場業に該当しますが，駐車場として使用する目的で土地（更地）を貸付ける場合であっても不動産貸付業には該当せず，駐車場業となり，上記のような区分にかかわりなくすべて課税されることに注意が必要です（法基通15－1－68）。

〔他税目の扱いと留意点〕

消費税…契約の態様にかかわらず，建物や施設の貸付けは課税されますが，住宅や土地の貸付け（貸付期間が1か月未満のものを除く）は非課税とされています（消法別表第一－一，同十三，消施令8，同16の2）。なお，土地（更地）を駐車場として使用する目的で貸付ける場合も，駐車場としての施設の設置や管理を行っていない場合は土地の貸付けとして扱われ，非課税となります（消基通6－1－5（注1））。

固定資産税…校舎や校地は，直接保育または教育の用に供する不動産として非課税です（地法348②九，同702の2②）。常時校舎や校地として使用している傍らで，たまたま使用しない日・期間に貸付を行う程度であれば，直接保育または教育の用に供するとの要件を欠くことにはならないと思われますが，校舎や校地の一部を年間を通じて貸付けるような場合は，非課税の要件を欠くことになりますので注意が必要です。

印紙税…建物の賃貸借契約書は，課税文書に該当しません。一方，土地の賃貸借契約書は学校法人が作成するものであっても印紙税の課税文書となります（印法別表第一－一課税物件2）。なお，土地（更地）を駐車場として使用する目的で貸付ける場合も，駐車場としての施設の設置や管理を行っていない場合は土地の貸付けとして扱われ，賃貸借契約書は課税文書となります。

Q 7　納付金としての物品代

在籍している生徒に対し，生徒手帳，校章を示したバッチを無償で配布する一方，その代金分を授業料収入に含め，納付金として徴収していますが，物品販売業にみなされますか。

Answer

学校法人が納付金として授業料収入を徴収し，一方でバッチ代，生徒手帳代などを無償としている場合には，その授業料収入が，学則に規定されたものであり，学生生徒から一律に徴収しているものであるかぎり，収益事業に該当しません。

〔他税目の扱いと留意点〕

消費税…消費税も，納付金である授業料収入は事実上物品の代金分を含んでいても非課税となります（消法別表第一－十一，消施令14の5）。

Q 8　教科書・補助教材の出版販売

学校で授業に指定して用いる教科書・補助教材を学内で出版し，在学生に販売していますが，収益事業に該当しますか。

Answer

在学生に対して行う，授業において指定した教科書や教材等の出版お

よび販売は，物品販売業に該当しません（法基通15－1－10(2)）。ただし，たとえば洋裁，デザインなどの教授で，収益事業たる技芸教授業に該当するものに関連して販売する教科書や教材等は，技芸教授に付随する行為として課税対象となります（法基通15－1－6(2)）。

　また，学校法人の出版物を学生の教科書利用とは別に外部に販売した場合は，その外部への売上は出版業等として収益事業課税の対象となりますから留意が必要です。

〔他税目の扱いと留意点〕

消費税…教科書の販売は，消費税も非課税となりますが，その範囲が法人税より狭く，検定済教科書に限られます（消法別表第一－十二，消基通6－12－1）。したがって，それ以外の教科書，補助教材等は，学校が指定して授業に使用するものとして学生に販売するものであっても消費税は課税となります（消基通6－12－3）。

Q9　自動販売機の設置，牛乳の販売

　学校法人内において缶コーヒー，ウーロン茶などの自動販売機の設置や，食堂での牛乳などの販売を学校法人自ら行う場合と，業者に販売機等を設置させて，販売手数料を徴収する場合とでは，収益事業課税の扱いは異なりますか。

Answer

　学校法人自ら販売を行う場合は物品販売業または飲食店業の付随事業

として収益事業に該当し，販売による所得が課税対象となります。また，業者に販売機等を設置させて販売手数料を徴収する場合は，仲立業として収益事業に該当し，その販売手数料による所得が課税の対象となります（参考：法基通15－1－46）。

〔他税目の扱いと留意点〕

消費税…学校法人自ら販売を行う場合はその売上代価が課税売上高となり，仕入原価は課税仕入れとして仕入税額控除の計算対象となります。また，業者に販売機等を設置させて販売手数料を徴収する場合は，その販売手数料収入が，課税売上高となります。

Q10　制服，制帽，文房具などの販売委託

　当法人では，制服，制帽，文房具などの販売を業者に委託しておりますが，①学校が業者から一定額を謝礼金として収入している場合，②売上金額に応じて販売手数料を徴収している場合，③販売手数料を取らず店舗の家賃として受け取っている場合のそれぞれについて収益事業の取扱いを示してください。

Answer

①　業者からの謝礼金は，たとえ学校が直接販売しなくても，販売を委託して得た収入ですから収益事業（物品販売業）に該当し，課税対象になります（法基通15－1－2(1)）。
②　売上高に応じた販売手数料収入も①と同様です。

③ 業者から店舗の家賃収入として受け取る場合は，不動産貸付業となり，やはり収益事業としての課税対象となります。

〔他税目の扱いと留意点〕

消費税…①，②，③の各収入ともに消費税の課税売上となります。

印紙税…①，②の販売を委託する場合の契約書は，委任契約であり，印紙税の課税文書には該当しません。③の場合の建物賃貸借契約書も，印紙税の課税文書には該当しません。

Q 11　固定資産の処分損益

　当学校には昭和50年に取得した土地があり，その敷地で平成5年から施設の貸付業を営んでまいりました。この度，この事業を廃止するとともにその施設を取り壊し，更地として不動産開発業者へ売却しようと計画しています。この場合，売却益には法人税が課税されますか。

Answer

　現に営んでいた収益事業（不動産貸付業）の廃止に伴って土地等の固定資産を譲渡した場合の譲渡損益は，一種の清算損益として収益事業には含まれないこととされます（法基通15－2－10(2)）。

　ちなみに，その土地の上に自らマンションを建設して売却するような場合は，売却益のうち地価の値上がり部分については非課税となりますが，マンションの売却益部分は，不動産販売業として法人税の課税対象となります（法基通15－1－12）。

〔他税目の扱いと留意点〕

消費税…土地の売却収入は，売却前の利用形態にかかわらず，非課税収入と
　　　　なります（消法別表第一－一）。また，マンションの売却収入は課税
　　　　収入となりますので，土地とマンションを一括して譲渡した場合に
　　　　は，譲渡価額（売却価額）を合理的に区分する必要があります。

印紙税…不動産売買契約書は，学校法人が作成するものであっても印紙税の
　　　　課税文書となります（印法別表第一－一物件名1）。

Q12　土地の売却益

　6年前に80,000千円で取得し，収益事業（駐車場）に使用していた
土地を85,000千円で売却しました。この売却益は課税されますか。な
お，駐車場事業は，別の所有地においてほぼ同規模で継続しています。

Answer

　収益事業に使用していた土地や駐車場施設を売却した場合，その売却
が，その収益事業の規模縮小や廃止に伴うものである場合や，その土地
が相当期間（おおむね10年以上）固定資産として所有していたものである
場合の譲渡益については課税されません。

　質問の場合は，収益事業の縮小・廃止に伴うものであるとはいえず，
また，所有期間が6年であり，税務上相当期間所有していたものとはみ
なされませんので，売却益は収益事業の付随行為として課税対象となり
ます（法基通15－2－10）。

〔他税目の扱いと留意点〕

消費税…土地の売却収入は，売却前の利用形態や所有年数にかかわらず，非課税収入となります（消法別表第一－一）。また，土地に駐車場としての造成区画等を施していたような場合も，その造成物が土地と一体のものであれば譲渡価額全体が非課税収入となります。

印紙税…土地の売買契約書は，学校法人が作成するものであっても印紙税の課税文書となります（印法別表第一－一物件名1）。

Q13 遊休地を駐車場として貸付ける場合

当学園では，遊休地をその所在する市に駐車場として貸し付けています。土地の上に何ら施設を設置していませんので，地方公共団体への不動産貸付けとして非課税の適用が受けられるでしょうか。

Answer

土地の貸付であっても，駐車場として使用する目的で貸付ける場合は不動産貸付業には該当せず，駐車場業となります（法基通15－1－68）。駐車場業については不動産貸付業のような，一部非課税の規定はありませんので，質問のケースも収益事業課税の対象となります（法施令5①三十一）。

〔他税目の扱いと留意点〕

消費税…土地（更地）を駐車場として使用する目的で貸付ける場合も，駐車場としての施設の設置や管理を行っていない場合は土地の貸付けと

26

して扱われ，非課税となります（消基通6－1－5（注1））。

固定資産税…校地は，直接保育または教育の用に供する不動産として非課税
です（地法348②九，同702の2②）。常時校地として使用している
傍らで，たまたま使用しない日・期間に貸付を行う程度であれ
ば，直接保育または教育の用に供するとの要件を欠くことには
ならないと思われますが，遊休地である場合や校地の一部を年
間を通じて貸付けるような場合は，非課税の要件を欠くことに
なりますので注意が必要です。

印紙税…土地の賃貸借契約書は学校法人が作成するものであっても印紙税の
課税文書となります（印法別表第一－一課税物件2）。なお，土地（更
地）を駐車場として使用する目的で貸付ける場合も，駐車場として
の施設の設置や管理を行っていない場合は土地の貸付けとして扱わ
れ，賃貸借契約書は課税文書となります。

Q14　食堂の無償貸付け

　在校生を対象とした食堂の経営を委託している業者に，喫食の料金を
割安にさせることを条件に建物（食堂の施設）を無償で貸付けています。
何らかの収益事業として課税の対象となるでしょうか。

Answer

　学校の本来の目的たる事業のための施設の無償貸付け等は，法人税法
の低廉譲渡の規定を受けず，収益事業とはなりません（法基通15－2－9）。
設問の場合はこれに該当し，課税の心配はないものと思われます。

〔他税目の扱いと留意点〕

消費税…建物の無償貸付けは，消費税の課税対象外となります（消法2①八，
消基通5－1－2）。

印紙税…建物の貸付け契約書は，印紙税の課税文書には該当しません。

Q 15 　空き教室の貸付け

　ほぼ年間を通じて日曜日ごとに，空いた教室をある進学予備校に貸付
けています。収益事業課税の対象となるでしょうか。

Answer

　まず，貸付けが日曜日ごとでも年間を通じていれば「継続している」
と判定されますが（参考：法基通15－1－5⑵），使用目的が「娯楽，遊興
または慰安」に該当せず，かつ学校法人（貸し手）の主たる目的（教育活
動）に関連するものであれば課税事業たる席貸業には該当しないことと
なります。ただし，他の学校法人が行う講習会（収益事業に該当）のため
の席貸しは貸し手の主たる目的（教育活動）に関連するものとはいえない
ものとして，課税事業たる席貸業に該当する旨の租税裁決事例（平成2
年11月）があるので，留意が必要です。また，鍵を交付する等，賃借人
に施設の利用管理を委ねていると考えられる場合は不動産貸付業に該当
し，貸付けた教室の使用目的にかかわらず課税されるものと思われます。

〔他税目の扱いと留意点〕

消費税…施設の貸付けは，貸付けの頻度や目的，施設管理の委譲の有無等の

貸付けの態様にかかわらず，課税収入となります。

固定資産税…教室は，直接保育または教育の用に供する不動産として非課税
です（地法348②九，同702の2②）。常時教室として使用している
傍らで，たまたま使用しない日・期間に貸付けを行う程度であ
れば，直接保育または教育の用に供するとの要件を欠くことに
はならないと思われますが，年間を通じて教育の用に供しない
空き教室のような場合は，貸付けの有無にかかわらず，非課税
の要件を欠くことになりますので注意が必要です。

印紙税…建物の賃貸借契約書は，印紙税の課税文書には該当しません。

Q16　医療保健業の付随収入

　当学園では，付属病院を併設しています。学校法人が営む医療保健業
は収益事業非該当とされていますが，収入のすべてが非課税となるので
しょうか。

Answer

　学校法人が営む医療保健業は非課税とされています（法施令5①二十
九ハ）。これは学校法人が行う医療保健業収入は，付随行為による収入
も含めすべて非課税になるものと解されます（人的非課税といいます）が，
医療保健業に付随するとはいえない，次のような収入については非課税
とはなりません（法基通15-1-58（注））。

　・日用品の販売

　・クリーニングの取次ぎ

　・公衆電話サービス業務

・寝具などの貸付け

（以上，患者を対象とするものを含む）

〔他税目の扱いと留意点〕

消費税…消費税法上は，学校法人が行う場合のみならず，健康保険法等に基づく医療事業については原則として非課税とされます（消法別表第一－六，消施令14）が，差額ベッド料，特別の病室の提供料等，および日用品の販売その他附随的な収入は課税の対象となります（消基通6－6－2，同6－6－3（注））。

Q 17 アマチュアスポーツ大会のための野球場等の貸付け

当学校法人はある慈善団体が毎年一定の時期に催行するアマチュアスポーツ大会のために，野球場，体育館および競技場をその開催日に貸付けることとしておりますが，「席貸業」として課税されますか。

Answer

アマチュアスポーツ大会が慈善団体等によって主催される場合，その主催者に対しては収益事業たる興行業に該当しない場合もありますが（法基通15－1－53(1)），そのようなアマチュアスポーツ大会のために施設を貸付ける学校法人としては，その席貸しの相手方が収益事業として課税されるかどうかに関わりなく，不特定・多数の者の娯楽・遊興または慰安の用に供する席貸しとして，それが継続して行われていれば収益事業たる席貸業として課税されます（法基通15－1－38）。質問のケース

は，野球場や体育館，競技場等を，通常はそれらの施設本来の用途（教育用）に使用している中で，特定の時期に反復して収益事業たる席貸業の用に供しているもので，「継続的に営まれている」ものと判断されます（法基通15－1－5(2)）。

〔他税目の扱いと留意点〕

消費税…質問の施設の貸付けは，貸付けの相手方や継続的に営まれているか否かにかかわらず，課税収入となります。

固定資産税…学校所有の野球場，体育館，競技場等は，直接保育または教育の用に供する不動産として非課税です（地法348②九，同702の2②）。常時教育用として使用している傍らで，たまたま使用しない日・期間に貸付けを行う程度であれば，直接保育または教育の用に供するとの要件を欠くことにはならないと思われますが，年間を通じて教育用としては使用しないような場合は，貸付けの有無にかかわらず，非課税の要件を欠くことになりますので注意が必要です。

印紙税…土地以外の施設の賃貸借契約書は，印紙税の課税文書には該当しません。

Q 18　体育館，テニスコートの貸付け

　当学校法人では体育館およびテニスコートを休日に一般の団体や個人のスポーツに利用させて，利用料を徴収しております。このように毎日席貸ししていなくても課税されますか。

> ## *Answer*
>
> スポーツは一般に娯楽・遊興又は慰安にあたりますので，不特定の一般人を対象として体育館やテニスコートを有料で使用させる事業は収益事業（席貸業）に該当します（法施令5①十四イ，法基通15－1－38）。
>
> それが定期的に反復する場合であっても継続して席貸ししていることになりますので，課税の対象となります（法基通15－1－5(2)）。

〔他税目の扱いと留意点〕

消費税…質問の貸付けは，定期，不定期等の貸付けの態様にかかわらず，課税収入となります。ちなみに，テニスコートの貸付けは施設の貸付けであり，たとえ1か月以上の期間の貸付けであっても，非課税の土地の貸付けには該当しません（消施令8，消基通6－1－5）。

固定資産税…学校所有の体育館やテニスコートは，直接保育または教育の用に供する不動産として非課税です（地法348②九，同702の2②）。常時教育用として使用している傍らで，たまたま使用しない日・期間に席貸しを行う程度であれば，直接保育または教育の用に供するとの要件を欠くことにはならないと思われますが，年間を通じて教育用としては使用しないような場合は，席貸しの有無にかかわらず，非課税の要件を欠くことになりますので注意が必要です。

印紙税…質問のような施設の賃貸借契約書は，印紙税の課税文書には該当しません。

Q19　スクールバスの運行

当校は，スクールバスを５コース運行し，学生の送迎を有料で行っています。運営資金等の都合から，バスについてはリース契約とし，運転手は外部委託契約によっております。あまり利益は出ていないものと思いますが，収益事業の課税対象となるでしょうか。

Answer

スクールバスの運行が収益事業の運送業に該当するとした場合，業務の全部または一部を委託契約によっていても，そのことにより収益事業に該当しなくなるということはありません（法基通15－1－2⑴）。しかし，幼稚園におけるスクールバスの運行について，教育事業そのものに含まれるものとして収益事業に非該当とする個別通達（昭58直法2－7）があり，幼稚園以外の学校においても，学生生徒のほぼ全員が通学に利用する等，教育事業の一環としての要件を満たしていれば同様の扱いが受けられるものと思われます。また，徴収したバス代が，ほぼ実費弁償としての実態がある場合には，あえて課税所得として申告しなくても支障はないものと考えられます。

なお，スクールバス運行事業でも，大幅な赤字が継続しているような状況では，そもそも収益事業には該当せず，教育事業の一部であるとして損失を否認されたケースがあります（関東信越国税不服審判所　平成16年裁決No.160019）ので，この点にも注意が必要です。

〔他税目の扱いと留意点〕

消費税…スクールバスが赤字事業であったり，教育の一環として行われる事業であっても，消費税は課税となります。

印紙税…リース契約書は，印紙税の課税文書には該当しません。また，学校
　　　　法人がバスの運行を業者に委託する場合の業務委託契約書は，委任
　　　　契約であり，印紙税の課税文書には該当しません。

Q 20　私立大学の受託研究

　4年制大学を設置する学校法人ですが，このたび，Ａ社から，生命化
学についての研究を委託されました。研究期間は１年間ですが，この収
入は収益事業として課税されるのでしょうか。

Answer

　一般に，大学が外部の者から委託された研究を行う事業は，請負業と
して収益事業課税の対象となりますが，研究の成果の全部もしくは一部
が大学に帰属するかまたは研究成果の公表をすることにつき，契約書に
明記する等の条件を満たすものである場合は，収益事業の課税対象から
除かれる扱いがあります（法施令５①十-二）。これに関しては，文部科
学省通知「私立大学における受託研究について」（14文科高第26号）が公
表されていますが，その後平成29年度税制改正で非課税の要件が上記の
ように改正されました。

〔他税目の扱いと留意点〕

消費税…法人税のような非課税の扱いはなく，課税収入となります。
印紙税…受託研究契約書のうち請負契約書に該当するものは，課税文書です
　　　　（印法別表第一-二）。

Q 21　寄宿舎の経営

　当学校法人は，専ら本校の学生が入居する寄宿舎を経営しており，料金は2食付きで月額50,000円で若干利益がでています。このような場合，収益事業として課税されるでしょうか。

Answer

　学校法人等が専らその在学生を入居させるための寄宿舎を経営している場合，たとえそれが黒字となっていても収益事業たる旅館業には該当しませんので，それが技芸教授業の付随事業となるような場合を除いては課税の対象とはなりません（法基通15−1−41）。

〔他税目の扱いと留意点〕

消費税…寄宿舎は，消費税法上も旅館業に該当しないものとされており，1か月以上の期間の契約であるかぎり非課税です（消基通6−13−4）。ただし，賃料のうち賄い部分は課税収入ですので，契約書上区分されていない場合には，金額を合理的に区分することが必要です（消基通6−13−6）。

固定資産税…学校の寄宿舎の用に供する不動産は，非課税です（地法348②九，同702の2②）。

印紙税…建物の賃貸借契約書は課税文書には該当しません。

Q 22 技芸教授業の課否判定の留意点

収益事業課税34業種のうち，技芸教授業の課否判定はどのようにするのでしょうか。

Answer

技芸教授業の課否の概略を一覧表示すれば次のとおりです。（学校法人が通常行う可能性のあるものについて）

1	洋裁，和裁等法施令5①三十に列挙された事業：洋裁，和裁，着物着付け，編物，手芸，料理，理容，美容，茶道，生花，演劇，演芸，舞踊，舞踏，音楽，絵画，書道，写真，工芸，デザイン，自動車等操縦の教授（限定列挙）	①　学校等で行う授業680時間以上等の要件具備のもの（法施規7）	非課税
		②　社会教育法の文部科学大臣認定を受けた通信教育	非課税
		③　上記以外	課税
2	Ⓐ　入試に備えるための学力の教授 Ⓑ　学校教育の補習のための学力の教授	①　学校等で行う授業680時間以上等の要件具備のもの（法施規7の2）	非課税
		②　学校等で行う大学入試に備えるためのもので授業30時間以上のもの（法施規7の2）	非課税
		③　学校等で行う授業60時間以上等の要件具備のもの（法施規7の2）	非課税
		④　社会教育法の文部科学大臣認定を受けた通信教育	非課税
		⑤　上記以外	課税
3	公開模擬学力試験		課税
4	上記以外		非課税

　上記のとおり，技芸教授業の課否区分は詳細に定められており，自学校法人が行っている事業がどの区分に該当するかは，税法や通達の条文を直接確認する等して厳密に行うことが必要です（法施令５①三十，法施規７，同７の２ほか）。

　なお，別途，収益事業の一業種として請負業が定められており，これには委託に基づいて行う調査・研究や情報の提供等も広く含まれるため，技芸教授業に該当しなくとも，請負業として課税されるのではないか，との疑問もありえますが，まず請負業以外の役務提供事業，たとえば技芸教授業に該当するか否かで課否を判定すべきものについては，請負業には該当しないものとされています（法基通15－１－29）。

Q 23　食堂の経営委託

　当学校法人の食堂は主に教職員や学生が利用しておりますが，ある業者にその経営を委託し，その売上高の一定割合の額を手数料として収受することとしております。このような場合にも「飲食店業」として課税されるのですか。

Answer

　食堂業者に経営を委託する場合，その業者との契約内容により，他の者に業務を委託しているものとして「飲食店業」となる場合（小・中学校等の学校給食法に基づく給食に該当するものを除きます）と，食堂の場所を貸す「不動産貸付業」となる場合がありますが，いずれにし

ても収益事業として課税対象となります。質問の場合は，売上高の一定割合を手数料収入としていますから，他の者に業務を委託しているもの（飲食店業）に該当すると考えられます（法基通15－1－2(1)）。

〔他税目の扱いと留意点〕

消費税…業者に経営を委託している場合および食堂の場所を貸している場合ともに，消費税の課税対象となります。

印紙税…業者に経営を委託している場合の委任契約書，食堂の場所を貸している場合の建物等賃貸借契約書ともに課税文書には該当しません。

Q 24　保険代理業

　当学校法人はＡ生命保険会社と代理店契約を結び，教職員や学生の生命保険の取扱いを目的とした保険代理業を営んでおりますが収益事業として課税されますか。

Answer

　当法人は他の者（教職員や学生）のために商行為（保険契約）の代理を行っていることとなり，「代理業」として課税の対象となります（法基通15－1－45）。なお，保険会社と代理店契約を結ばないで，単に事務委託手数料等を収受している場合は「仲立業」に該当するものと考えられ，やはり課税対象となります（法基通15－1－46）。

〔他税目の扱いと留意点〕

消費税…代理業，仲立業いずれの場合も，手数料収入が課税売上高となります。

印紙税…保険会社との代理店契約書は，契約期間が3か月以内で更新の定めのないものを除き，継続的取引の基本契約書として印紙税の課税文書となります（印法別表第一－七）。

Q 25　コンサートの開催

　当学校法人の主催で，有名音楽家を招いてコンサートを開催しました。このコンサートでは，当校の学生は無料ですが，一般の入場者からは所定の入場料を徴収しました。コンサートの開催期間は2週間で，この間に計6回開催しましたが，この場合収益事業に該当しますか。

Answer

　質問のコンサートの開催は，音楽を企画または演出して，不特定多数の者の観覧に供するもので，興行業に該当します。開催期間は2週間のうち6回とのことですが，このコンサートの開催にあたっては準備や広告宣伝などに相当の期間を要するものと思われますので，継続して営まれているもの（法基通15－1－5(1)）として扱われます。したがって，入場者から徴収した入場料は興行業として収益事業課税の対象となるものと思われます。

消費税…入場者から徴収した入場料は課税売上高となります。

Q 26 会員制のテニスクラブ

　当学校法人では，校内のテニスコートを利用し，土・日曜日に一般の人を対象に入会金と会費を徴収して会員制のテニスクラブを経営しています。コーチによる指導はしていませんが，収益事業に該当しますか。

Answer

　会員制のものも含め，テニスコートを自由に利用させる事業は，遊技所業として収益事業に該当します（法基通15−1−54）。会費はもちろん収益事業の収入となりますが，入会金も返還されないことが規約等で明らかにされている場合には，これも収益事業の収入に含まれます。

　なお，コーチ等による指導を行い，指導料として会費等を徴収している場合は収益事業に該当しません（参考：法施令5①三十）。

〔他税目の扱いと留意点〕

消費税…会費および返還されない入会金ともに課税売上高となります。
固定資産税…体育館やテニスコートは，直接保育または教育の用に供する不動産として非課税です（地法348②九，同702の2②）。常時教育用として使用している傍らで，たまたま使用しない日・期間に席貸しを行う程度であれば，直接保育または教育の用に供するとの要件を欠くことにはならないと思われますが，年間を通じて

教育用としては使用しないような場合は，収益事業としての使用の有無にかかわらず，非課税の要件を欠くことになりますので注意が必要です。

Q 27　プールの水泳指導と開放

　年間を通じて，毎日曜日に学校所有の室内プールで一般人を対象として昼間は水泳の指導をし，夜間はプールを自由に使用させています。いずれも有料で行っていますが，収益事業として課税されるでしょうか。

Answer

　スポーツの指導は技芸教授に該当しないので，昼間の水泳指導が専門の指導員によって水泳の教授が行われているものであれば収益事業に該当しません（参考：法施令5①三十）。夜間のプールの自由使用は，不特定の者に遊技所を利用させるものとして扱われますので収益事業（遊技所業）に該当します（法基通15－1－54）。

〔他税目の扱いと留意点〕

消費税…プールを解放している場合のみならず，指導を行っている場合も含めて，料金は課税売上高となります。

固定資産税…体育館やプールは，直接保育または教育の用に供する不動産として非課税です（地法348②九，同702の2②）。常時教育用として使用している傍らで，たまたま使用しない日・期間に席貸しを行う程度であれば，直接保育または教育の用に供するとの要件を欠くことにはならないと思われますが，年間を通じて教育用

としては使用しないような場合は，その他の利用の有無にかか
わらず，非課税の要件を欠くことになりますので注意が必要で
す。

Q 28　絵画，デザインの公開講座

　当学園では毎年夏期に，学内生以外の外部者も広く募集して絵画およ
びデザインについて夏期公開講座を開催しています。収益事業に該当す
るでしょうか。

Answer

　学校教育法に定める学校等が行う教育事業であっても，法人税法に規
定する技芸の教授で，かつ修業期間が１年以上である等の要件を満たす
ものでない場合は，収益事業に該当します（法施令５①三十）。質問の絵
画やデザインなど技芸に関する夏期公開講座は上記修業期間の要件を満
たさず，したがって収益事業に当たると思われます。

〔他税目の扱いと留意点〕

　消費税…質問の公開講座は，学校が行う正規の授業には該当しないため，そ
　　　　　の講座料収入は課税売上高となります（参考：消法別表第一－十一，
　　　　　消施令14の５）。

Q 29　技芸教授の短期コース

技芸教授業に該当する教育を行う専修学校を設置する学校法人です。一般課程としての本科（１年制）以外に，期間３か月の速成コースがあり，また本科，速成コースともに授業で使用する教科書の販売も行っています。収益事業としての課税・非課税の判定はどうなりますか。

Answer

専修学校における技芸教授業の収益事業の課否判定は，修業期間や授業総時間数等，財務省令で定める要件をすべて満たすかどうかによります（法施令５①三十，法施規７）。

質問の本科は上記要件を満たすと思われますから，収益事業たる技芸教授業から除外されますが，速成コースについては，修業期間からみて技芸教授業と判定されるでしょう。また，本科の教科書販売は収益事業に該当しませんが，速成コースの教科書販売は技芸教授業の付随行為として収益事業に該当します（法基通15－１－6⑵）。

〔他税目の扱いと留意点〕

消費税…質問の速成コースは，専修学校が行う正規課程の授業には該当しないため，その学費収入は課税売上高となります。また，消費税が非課税とされる教科書とは，いわゆる検定済教科書のみとされますから，これに該当しないものは，本科の教科書も含め，課税売上となります（消法別表第一－十二，消基通６－12－１）。

Q 30　技芸教授校の学生寮

　専修学校（技芸教授学校）を設置する学校法人ですが，正課以外のコースは収益事業として税務申告しています。在学生を対象とした賄いつきの学生寮を経営していますが，これも課税の対象となりますか。

Answer

　学校法人の寄宿舎（学生寮）のうち，いわゆる一条校，専修学校，各種学校の正課コースに在籍する学生のためのものは非課税となりますが，非課税の要件を満たさないコースの学生に対する寄宿舎については，旅館業として収益事業に該当します（法基通15－1－41）。

　このため，寮生が，専修学校の正課に在籍する者と，収益事業としての技芸教授を受ける者とが混在している場合には，収入・経費を区分把握することが必要となります。

（注）　ここで，寄宿舎とは，旅館業法第2条の宿泊施設に該当する，食事，寝具等を提供して施設を使用させる形式のものをいいます。

〔他税目の扱いと留意点〕

消費税…寄宿舎は，消費税法上も旅館業に該当しないものとされており，技芸教授に付随するものであるか否かにかかわらず，1か月以上の期間の契約であるかぎり非課税です（消基通6－13－4）。ただし，賃料のうち賄い部分は課税収入ですので，契約書上区分されていない場合には，合理的に区分することが必要です（消基通6－13－6）。

固定資産税…学校の寄宿舎の用に供する不動産は，非課税です（地法348②九，同702の2②）。

印紙税…建物の賃貸借契約書は課税文書には該当しません。

Q 31　自校学生の公開模擬試験受験料

　専修学校として大学受験予備校を経営する学校法人です。随時，大学入試に向けた公開模擬試験を開催し，当校の学生も受験させます。当校の学生については，参加は任意とし，参加学生から徴収する受験料は外部の受験者の半額としています。当校の学生から徴収した受験料も収益事業として課税されますか。

Answer

　自校生であっても，参加するか否かは任意なので，徴収している受験料は，非課税となる納付金等には該当せず，外部の受験者の受験料とともに収益事業課税の対象となります（法施令5①三十，法基通15-1-67）。

〔他税目の扱いと留意点〕

消費税…消費税上も，参加自由の受験料は非課税の納付金に該当せず，サービスの提供対価として課税売上となります（参考：消法別表第一-十一，消施令14の5）。

Q 32　納付金に含めた公開模擬試験受験料

　当予備校は，専修学校として運営していますが，受験指導等正規の授業の課程の中に公開模擬学力試験を組み込み，納付金の他には受験料等としての徴収はしていません。何らかの収益事業の課税がされるでしょうか。

当校の学生は模擬試験の参加について選択の余地がなく，その料金も受験料としてではなく納付金として一律に徴収されていますので，教育の一環と解されます。専修学校としての授業の一部といえますので，収益事業としての課税はありません。

　ちなみに，外部受験者から受験料を徴収する場合や，自校生であっても自由選択により受験することになっていて，納付金とは別個に受験料を負担させる場合などは収益事業となります（法施令5①三十，法基通15－1－67）。

〔他税目の扱いと留意点〕

消費税…消費税法上も，納付金に含まれるものは，非課税売上となります（消法別表第一－十一，消施令14の5）。

Q 33　音楽教授の短期コース

　音楽を教授する専修学校を設置する学校法人です。正課のほかに短期コースを設置していますが，収益事業となるのでしょうか。

　正課の課程は，修業期間が1年以上であること等，法人税法施行規則に定める要件を満たしているものと思われますので収益事業には該当しませんが，短期コースは修業期間からみてこの要件を満たしていないものと推察されますので，技芸教授業として収益事業に該当するものと思

われます（法施令5①三十，法施規7）。

〔他税目の扱いと留意点〕

　消費税…消費税法上も，正課は非課税ですが，短期コースは非課税の納付金
　　　　　に該当せず，サービスの提供として課税売上となります（消法別表
　　　　　第一－十一，消施令14の5）。

Q 34　法律・経済に関する短期セミナー

　当法人では，一般社会人（主として地域住民）を対象として，法律と経
済に関する短期教養セミナーを年に数回開催していますが，収益事業と
して課税の対象となりますか。

Answer

　法律・経済・文学など，いわゆる一般教養の教授は，技芸の教授には
該当しませんので，短期間のものも含め，収益事業としての課税はされ
ません（法施令5①三十）。

〔他税目の扱いと留意点〕

　消費税…消費税法上，学校の正課での教育以外の講習会等については非課税
　　　　　の扱いはなく，サービスの提供対価として課税売上となります。

Q 35 乗用車, オートバイ等の駐車料

当法人では, 乗用車, オートバイ, 自転車で通勤・通学する先生や学生に, 有料で月極め駐車場を貸付けています。収益事業に該当しますか。

Answer

駐車場業は, 自動車（オートバイを含みます）の駐車する施設や場所を有料で提供する事業をいいますので, 乗用車, オートバイについては駐車場業に該当し, 収益事業とされます（法施令5①三十一）。

また, 自転車については, 寄託を受けた物品を保管する事業（法施令5①九）に該当するものと考えられますので, やはり収益事業（倉庫業）に該当します。

〔他税目の扱いと留意点〕

消費税…消費税法上は, 更地に駐車・駐輪させる場合のような土地の貸付けと認められる場合を除き, 課税売上となります（消法別表第一－一, 消施令8, 消基通6－1－5（注1））。

固定資産税…有料の駐車場・駐輪場として使用している土地は, 直接保育または教育の用に供する不動産とはいえませんから, 固定資産税の課税対象とされます（地法348②九, 同702の2②）。

Q 36　収益事業の損失の扱い

当学園では，税務上の収益事業に該当する事業として月極め駐車場の貸付けとスクールバスの運行を行っており，月極め駐車場は利益が出ていますが，スクールバスの運行は大幅な赤字となっています。収益事業の税務申告ではこれらの損益を通算したうえで課税所得を算出していいのでしょうか。

Answer

学校法人が複数種類の収益事業を行っている場合は，各事業の損益を合算して税務申告することとなりますので，損失を生じている事業についても合算の対象となるのは，むしろ当然のことといえます。ただし，本来学校が行う収益事業は，そこで得た利益を学校の主たる事業である教育研究事業の一助とする目的で，採算の取れる見込みのもとで営まれることが前提であるといえます。そこで，長期間にわたり多額の損失を計上しているような場合はそもそも税務上の収益事業に該当するかが疑われることになりますので留意が必要です。

これに関しては，スクールバスを利用する学生・生徒の便宜のために，利用価格を一般路線バスの価格より低額とし，大幅な支出超過を続けたケースについて，税務上の収益事業には該当しないとする裁決事例が出ています（国税不服審判所関東信越支部　平成16年11月4日裁決）。

Q 37　収益事業の預金等の運用益

　弊学校法人では，補助活動事業の一つとして売店を営み，その売上利益を特定の普通預金口座に預け入れています。そして，預金残高が200万円を超える都度，そのうちの100万円を定期預金に組み入れていますが，この定期預金の利息にも法人税が課税されるのですか。なお，売店の運転資金としては，100万円程度あれば十分な状況です。

Answer

　この定期預金の利息に法人税が課税されるか否かは，経理処理によります。

　税務申告に添付する収益事業の決算書に，当該定期預金を収益事業部門のものとして計上している場合は，その利息は収益事業の付随行為として課税対象に含まれます（法基通15－1－6⑸）。

　しかし学校法人が，その定期預金の設定時に収益事業の余剰資金として一般の（非収益事業部門の）支払資金に繰り入れる経理をし，法人税の申告上も収益事業から繰り出したものとして内部寄付金の経理処理を行っていれば，定期預金が収益事業の所得を源泉としているものであってもその利息収入は収益事業の付随行為には該当せず，課税対象とはなりません。このためには，収益事業の決算書において内部寄付金としての経理処理を明確にしておくことが大切です（法基通15－1－7）。ちなみに，この元本の資金移動についても，非収益事業へのみなし寄付金の扱いが適用されます（Ⅰ　法人税法の収益事業課税のあらまし　7参照）。

〔他税目の扱いと留意点〕

消費税…預金利息は収益事業部門，非収益事業部門にかかわらず，非課税収

入となります（消法別表第一－三）。

源泉所得税…学校法人名義の預金にかかる利子は収益事業部門，非収益事業部門にかかわらず，源泉所得税は非課税とされます（所法11①，所法別表第一）。

Q 38　幼稚園の行う収益事業

　幼稚園でよく行われる付帯的な事業について，収益事業の区分判定を示してください。

Answer

　幼稚園が行う各種事業が収益事業に該当するか否かについては，昭和58年に個別通達が発遣されており，その内容は次のとおりです。

事　業　内　容	収益事業・非収益事業の判定	備　　　　考
1　絵本・ワークブックの頒布	非収益事業	法人税基本通達15－1－10（宗教法人，学校法人等の物品販売）の(2)の「教科書その他これに類する教材」の販売に該当し，非収益事業となる。
2　次のような物品の頒布及びあっせん (1)　はさみ，のり，粘土，粘土板，へら等の工作道具 (2)　自由画帳，クレヨン等の絵画製作用具及びノート，筆記用具等の文房具	収益事業。ただし，物品の頒布のうち原価（又は原価に所要の経費をプラスした程度の価格）によることが明らかなものは非収益事業	法人税基本通達15－1－10（宗教法人，学校法人等の物品販売）の(3)及び(4)により収益事業となるが，原価による物品の頒布は，非収益事業とすることができる。

(3) ハーモニカ，カスタネット等の楽器 (4) 道具箱 (5) 制服，制帽，スモック，体操着，上靴		
3 園児のうち希望者を対象として行う音楽教室のための教室等の席貸し	非収益事業	法人税法施行令第5条第1項第14号（席貸業）のかっこ書により非収益事業となる。
4 園児に対し課外授業として実施する音楽教室の開設	収益事業	法人税法施行令第5条第1項第30号（技芸教授業）により収益事業となる。
5 スクールバスの運行	非収益事業	教育事業そのものに含まれるものであり非収益事業となる。
6 給食	非収益事業	学校給食法等の規定に基づいて行う学校給食の事業に準ずるものであり非収益事業となる。
7 収益事業となる事業であっても，当該事業がその幼稚園の園児（その関係者を含む。）を対象とするもので実費弁償方式によっていると認められるものについては，法人税基本通達15-1-28（実費弁償による事務処理の受託等）と同様，税務署長の確認を条件として非収益事業とすることができる。		

　なお，学校法人立幼稚園が子ども・子育て支援新制度の施設型給付を受ける場合の教育・保育事業は，法人税法上の特掲34業種のいずれにも該当せず，非課税となります。また，付帯的な事業の扱いも上記表のとおり適用されます。

〔他税目の扱いと留意点〕

消費税…消費税法上は上記の1～6にかかる収入はすべて課税売上となり，また，7についても原則として課税売上となります。なお，学校法人立幼稚園が子ども・子育て支援新制度の施設型給付を受ける場合は，上記に掲げた付帯的な収入のうち，教育・保育に通常必要で，かつ保護者に負担させることが適当であるもの（「特定教育・保育施設及び特定地域型保育事業の運営に関する基準」平成26年内閣府令39）については，消費税は非課税となります（消法6①，消法別表第一－七

ハ，消施令14の３六，「子ども・子育て支援新制度に係る税制上の取扱いについて」（通知）（平成26年11月18日府政共生1093・26初幼教19・雇児保発1118－１））。

Q39　交際費の損金算入限度額

　収益事業にかかる法人税の計算上，交際費は全額が損金となるのでしょうか。

Answer

　法人税の計算上，その法人の資本金等の額に応じて交際費については損金算入限度額が次のように定められています（措法61の４①，同②）。

① 　資本金等の額が１億円以下である法人の損金算入限度額

・交際費のうちの接待飲食費×50％の額

・交際費総額のうち800万円

（上記のいずれかの選択）

② 　資本金等の額が１億円超（令和２年度以後は，１億円超かつ100億円以下）である法人の損金算入限度額

交際費のうちの接待飲食費×50％の額

　ここでいう資本金等の額とは，学校法人のような資本を有しない公益法人等の場合には，次のような算式で算定することとされています（措施令37の４）。

[期末総資産額－期末総負債額－基本金組入前当年度収支差額]

$$\times 60\% \times \frac{\text{収益事業に係る期末資産額}}{\text{期末総資産額}}$$

たとえば，期末総資産額が1,500,000千円

期末総負債額が800,000千円

基本金組入前当年度収支差額が120,000千円

収益事業に係る期末資産額が300,000千円　である場合，

資本金等の額は，[1,500,000－800,000－120,000]×60％×300,000／1,500,000＝69,600千円となり，1億円以下ですから，上記①に示した額が損金算入限度額となります。

Q40　収益事業の税務申告書作成事例

収益事業の税務申告書の作成事例を示してください。

Answer

以下の設例をもとに法人税等申告書作成事例を示します。

法人名　学校法人○○学園（東京都千代田区九段北に所在）

1　私立学校法上の収益事業および本会計の科目に含まれる収益事業を行っている。

2　令和2年度の収支の状況　　　　　　　　　　　　　　　（千円）

| 科　目 | 本会計 | | 収益事業会計 | | 合　計 |
	内　容	金　額	内　容	金　額	(損益計算書)
〔収　入〕 売　上　高	駐車場収入	2,500	物品販売売上	20,100	22,600
〔支　出〕 売上原価		0	物品仕入原価	13,100	13,100
給料手当	職員給与 （従事1人）	300	職員給与 （従事3人）	1,700	2,000

消耗品費		0		62	62
水道光熱費		0		84	84
通信費		0		180	180
修繕費	施設補修	130		0	130
租税公課	土地固定資産税ほか	800	建物固定資産税ほか	1,000	1,800
その他一般管理費	共通管理費を人員比等で配分	50		94	144
減価償却費	構築物	100	建物	600	700
支出計		1,380		16,820	18,200
差　　引		1,120		3,280	4,400
非収益事業への寄付					4,100
当期利益					300

（注）　支出科目の金額は非収益事業への寄付金を除き，計上額全額が法人税法上の損金として認められるものである。

3　期末貸借対照表　　　　　　　　　　　　　　　　　（千円）

借　　方		貸　　方	
現 金 預 金	6,500	未　払　金	800
商　　　品	700	元　入　金	32,000
未 収 入 金	300	繰 越 利 益	4,300
		（内当期利益）	（300）
建　　物（耐50年） （取30,000－償累1,200）	28,800		
構 築 物（耐10年） （取1,000－償累200）	800		
計	37,100	計	37,100

（注）　建物，構築物ともに前年度の取得であり，定額法で償却している。
　　　また，各々の耐用年数は税法（耐用年数省令）に従っている。

4　青色申告によっている。当期は中間申告税額はない。また，青色欠損金の繰越はない。

5 　利益積立金期首残高は法人税別表五（一）の①に記載のとおり。

6 　法人税等申告書作成により算定された令和２年度税額

法 人 税	330,000円
地方法人税	33,900円
事 業 税	77,000円
特別法人事業税	28,400円
計	469,300円

【補足説明】

1 　法人税・地方法人税の確定申告には，次に掲げる申告書各別表のほか，収益事業（税務上の）の貸借対照表，損益計算書，勘定科目内訳明細書，事業概況書および法人全体の収支計算書等を添付することが必要です（法法74③，法基通15－2－14）。

2 　設例では本部（納税地）が東京都区内にあるため，市区町村民税は都民税の税率に一括され，事業税等と一体の申告書で都税事務所に申告することとされますが，本部（納税地）が東京都区内以外にある学校法人の場合は，市区町村民税は別途，所轄の市区町村に申告します。

3 　地方税の申告書には，収益事業（税務上の）の貸借対照表，損益計算書および法人税申告書別表の一部の添付を求められることがあります。

F B 0 6 1 1

別表一　各事業年度の所得に係る申告書―内国法人の分……令二・四・一以後終了事業年度等分

	令和　年　月　日		
麹町 税務署長殿			

納税地　東京都千代田区九段北
電話（　　）　-
（フリガナ）ガッコウホウジンマルマルガクエン
法人名　学校法人○○学園
法人番号
（フリガナ）マルマル タロウ
代表者記名押印　○○ 太郎　㊞
代表者住所　東京都千代田区九段北

法人区分
事業種目　その他の小売業
同非区分
旧納税地及び旧法人名等
添付番号

青色申告　一連番号
整理番号
事業年度（至）
売上金額　　　23
申告年月日

平成・令和　2 年　4 月　1 日
令和　3 年　3 月　31 日
事業年度分の法人税　確定　申告書
課税事業年度分の地方法人税　確定　申告書

		十億	百万	千	円
所得金額又は欠損金額	1		22	000	000
法人税額	2		33	000	00
法人税額の特別控除額	3				
差引法人税額	4		33	000	00
	5				
	6			0	00
同上に対する税額	7			0	00
課税留保金額	8				
同上に対する税額	9				
法人税額計	10		33	000	00
	11				
	12				
控除税額	13				
差引所得に対する法人税額	14		33	000	00
中間申告分の法人税額	15			0	0
差引確定法人税額	16		33	000	0
所得の金額	33		33	000	0
課税留保金額	34				
課税標準法人税額	35		33	000	0
地方法人税額	36		33	990	
課税留保金額に係る地方法人税額	37				
所得地方法人税額	38		33	990	
	39				
外国税額の控除額	40				
	41				
差引地方法人税額	42		33	990	0
中間申告分の地方法人税額	43				
	44		33	990	0

		十億	百万	千	円
所得税の額	17				
外国税額	18				
計	19				
控除した金額	20				
控除しきれなかった金額	21				
土地譲渡税額	22				0
同上	23				0
同上	24				0
所得税額等の還付金額	25				
中間納付額	26				
欠損金の繰戻しによる還付請求税額	27				
計	28				
	29				
	30				
	31				
翌年へ繰り越す欠損金又は災害損失金	32				
この申告による還付金額	45				
	46				
	47				
	48				000
	49				00
剰余金・利益の配当（剰余金の分配）の金額					
決算確定の日			3	5 31

税理士署名押印　㊞

57

事業年度等	令和 2・4・1 令和 3・3・31	法人名	学校法人〇〇学園

法 人 税 額 の 計 算

(1)のうち中小法人等の年800万円相当額以下の金額 ((1)と800万円×$\frac{12}{12}$のうち少ない金額)	50	2,200,000	(50)の15%又は19%相当額	53	330,000
(1)のうち特例税率の適用がある協同組合等の年10億円相当額を超える金額 (1)－10億円×$\frac{12}{12}$	51	000	(51)の22%相当額	54	
その他の所得金額 (1)－(50)－(51)	52	000	(52)の19%又は23.2%相当額	55	

地 方 法 人 税 額 の 計 算

所得の金額に対する法人税額 (33)	56	330,000	(56)の4.4%又は10.3%相当額	58	33,990
課税留保金額に対する法人税額 (34)	57	000	(57)の4.4%又は10.3%相当額	59	

こ の 申 告 が 修 正 申 告 で あ る 場 合 の 計 算

法人税額の計算	この申告前の	所得金額又は欠損金額	60		地方法人税額の計算	この申告前の	所得の金額に対する法人税額	68	
		課税土地讓渡利益金額	61				課税留保金額に対する法人税額	69	
		課税留保金額	62				課税標準法人税額 (68)＋(69)	70	000
		法人税額	63				確定地方法人税額	71	
		還付金額	64	外			中間還付額	72	
	この申告により納付すべき法人税額又は減少する還付請求税額 ((16)－(63))若しくは((16)＋(64))又は(64)－(28))		65	外 00			欠損金の繰戻しによる還付金額	73	
	この申告前の	欠損金又は災害損失金等の当期控除額	66				この申告により納付すべき地方法人税額 ((44)－(71))若しくは((44)＋(72)＋(73))又は((72)－(45))＋((73)－(45の外書)))	74	00
		翌期へ繰り越す欠損金又は災害損失金	67						

所得の金額の計算に関する明細書（簡易様式）

事業年度	令和 2・4・1 令和 3・3・31	法人名	学校法人〇〇学園

別表四（簡易様式）令二・四・一以後終了事業年度分

区　　分		総　額 ①	処分 留保 ②	社外流出 ③
当期利益又は当期欠損の額	1	300,000 円	300,000 円	配当 その他
加算 損金経理をした法人税及び地方法人税（附帯税を除く。）	2			
損金経理をした道府県民税及び市町村民税	3			
損金経理をした納税充当金	4			
損金経理をした附帯税（利子税を除く。）、加算金、延滞金（延納分を除く。）及び過怠税	5			その他
減価償却の償却超過額	6			
役員給与の損金不算入額	7			その他
交際費等の損金不算入額	8			その他
	9			
	10			
小　　計	11			
減算 減価償却超過額の当期認容額	12			
納税充当金から支出した事業税等の金額	13			
受取配当等の益金不算入額（別表八（一）「13」又は「26」）	14			※
外国子会社から受ける剰余金の配当等の益金不算入額（別表八（二）「26」）	15			※
受贈益の益金不算入額	16			※
適格現物分配に係る益金不算入額	17			※
法人税等の中間納付額及び過誤納に係る還付金額	18			
所得税額等及び欠損金の繰戻しによる還付金額等	19			※
	20			
小　　計	21			外※
仮　　計 (1)+(11)-(21)	22	300,000	300,000	外※
国外関連者に係る支払利子等又は対象純支払利子等の損金不算入額（別表十七（二の三）「24」若しくは「29」又は別表十七（二の二）「27」若しくは「32」）	23			その他
超過利子額の損金算入額（別表十七（二の三）「10」）	24	△		※ △
仮　　計 (22)から(24)までの計	25	300,000	300,000	外※
寄附金の損金不算入額（別表十四（二）「24」又は「40」）	27	1,900,000		その他 1,900,000
法人税額から控除される所得税額（別表六（一）「6の③」）	29			その他
税額控除の対象となる外国法人税の額（別表六（二の二）「7」）	30			その他
分配時調整外国税相当額及び外国関係会社等に係る控除対象所得税額等相当額（別表六（五の二）「5の②」＋別表十七（三の十二）「1」）	31			その他
合　　計 (25)+(27)+(29)+(30)+(31)	34	2,200,000	300,000	外※ 1,900,000
契約者配当の益金算入額（別表九（一）「13」）	35			
中間申告における繰戻しによる還付に係る災害損失欠損金額の益金算入額	37			※
非適格合併又は残余財産の全部分配等による移転資産等の譲渡利益額又は譲渡損失額	38			※
差　引　計 (34)+(35)+(37)+(38)	39	2,200,000	300,000	外※ 1,900,000
欠損金又は災害損失金等の当期控除額	40	△		※ △
総　　計 (39)+(40)	41	2,200,000	300,000	外※ 1,900,000
新鉱床探鉱費又は海外新鉱床探鉱費の特別控除額（別表十（三）「43」）	42	△		※ △
残余財産の確定の日の属する事業年度に係る事業税の損金算入額	47		△	
所得金額又は欠損金額	48	2,200,000	300,000	外※ 1,900,000

御注意

2、「48」の「①」欄の金額は、「②」欄の金額に「③」欄の本書の金額を加算し、これから「※」の金額を加減算した額と符合することになりますから留意してください。

1、沖縄の認定法人又は国家戦略特別区域における指定法人の所得の特別控除、農業経営基盤強化準備金を取り崩した場合の益金算入、農用地等を取得した場合の課税の特例、関西国際空港用地整備準備金又は中部国際空港整備準備金の特例、特定の協同組合等の事業分量配当等の損金算入、特別新事業開拓事業者に対し特定事業活動として出資をした場合の課税の特例、対外船舶運航事業を営む法人の日本船舶による収入金額に係る所得の金額の課税の特例、中国国際博覧会記念基金に対する拠出金の特例、再投資等準備金の特例、特定目的会社に係る課税の特例若しくは投資法人に係る課税の特例又は特定目的信託に係る受託法人の課税の特例、特定投資信託に係る受託法人の課税の特例の適用を受ける法人にあっては、別様式による別表四を御使用ください。

59

利益積立金額及び資本金等の額の計算に関する明細書

| 事業年度 | 令和 2・4・1 ～ 令和 3・3・31 | 法人名 | 学校法人〇〇学園 |

I　利益積立金額の計算に関する明細書

区分		期首現在利益積立金額 ①	当期の増減 減 ②	当期の増減 増 ③	差引翌期首現在利益積立金額 ①-②+③ ④
利益準備金	1	円	円	円	円
積立金	2				
	3				
	4				
	5				
	6				
	7				
	8				
	9				
	10				
	11				
	12				
	13				
	14				
	15				
	16				
	17				
	18				
	19				
	20				
	21				
	22				
	23				
	24				
	25				
繰越損益金(損は赤)	26	4,000,000	4,000,000	4,300,000	4,300,000
納税充当金	27				
未納法人税等 未納法人税及び未納地方法人税(附帯税を除く。)	28	△	△	中間 △　確定 363,900	363,900
未納道府県民税(均等割額を含む。)	29	△	△	中間 △　確定	
未納市町村民税(均等割額を含む。)	30	△	△	中間 △　確定 △	
差引合計額	31	4,000,000	4,000,000	3,936,100	3,936,100

II　資本金等の額の計算に関する明細書

区分		期首現在資本金等の額 ①	当期の増減 減 ②	当期の増減 増 ③	差引翌期首現在資本金等の額 ①-②+③ ④
資本金又は出資金	32	円	円	円	円
資本準備金	33				
	34				
	35				
差引合計額	36				

御注意

1　この表は、通常の場合には次の算式により検算ができます。

期首現在利益積立金額合計「31」① ＋ 別表四留保所得金額又は欠損金額「48」－ 中間分、確定分法人税県市民税の合計額 ＝ 差引翌期現在利益積立金額合計「31」④

2　発行済株式又は出資のうちに二以上の種類の株式がある場合には、法人税法施行規則別表五(一)付表(別表五(一)付表)の記載が必要となります。

60

租税公課の納付状況等に関する明細書

事業年度　令和2・4・1　令和3・3・31　法人名　学校法人〇〇学園

別表五(二)　令二・四・一以後終了事業年度分

税目及び事業年度			期首現在未納税額①	当期発生税額②	当期中の納付税額 充当金取崩しによる納付③	仮払経理による納付④	損金経理による納付⑤	期末現在未納税額①+②-③-④-⑤⑥
法人税及び地方法人税	・・	1						
	・・	2						
	当期分 中間	3						
	当期分 確定	4			363,900			363,900
	計	5		363,900				363,900
道府県民税	・・	6						
	・・	7						
	当期分 中間	8						
	当期分 確定	9						
	計	10						
市町村民税	・・	11						
	・・	12						
	当期分 中間	13						
	当期分 確定	14						
	計	15						
事業税	・・	16						
	・・	17						
	当期中間分	18						
	計	19						
その他 損金算入のもの	利子税	20						
	延滞金(延納に係るもの)	21						
		22						
		23						
損金不算入のもの	加算税及び加算金	24						
	延滞税	25						
	延滞金(延納分を除く。)	26						
	過怠税	27						
		28						
		29						

納税充当金の計算

期首納税充当金	30		取崩額 その他	損金算入のもの	36	
繰入額 損金経理をした納税充当金	31			損金不算入のもの	37	
	32				38	
計(31)+(32)	33			仮払税金消却	39	
取崩額 法人税額等(5の③)+(10の③)+(15の③)	34			計(34)+(35)+(36)+(37)+(38)+(39)	40	
事業税(19の③)	35		期末納税充当金(30)+(33)-(40)	41		

61

③ 寄附金の損金算入に関する明細書　　　事業年度　令和 2・4・1　／　令和 3・3・31　　法人名　学校法人○○学園　　別表十四(二)　令二・四・一以後終了事業年度分

公益法人等以外の法人の場合

区分			No.	金額
一般寄附金の損金算入限度額の計算	支出した寄附金の額	指定寄附金等の金額（41の計）	1	円
		特定公益増進法人等に対する寄附金額（42の計）	2	
		その他の寄附金額	3	
		計 (1)＋(2)＋(3)	4	
		完全支配関係がある法人に対する寄附金額	5	
		計 (4)＋(5)	6	
	所得金額仮計（別表四「25の①」＋「26の①」）		7	
	寄附金支出前所得金額（6）＋（7）（マイナスの場合は0）		8	
	同上の $\frac{2.5又は1.25}{100}$ 相当額		9	
	期末の資本金の額及び資本準備金の額の合計額（別表五(一)「36の④」）（マイナスの場合は0）		10	
	同上の月数換算額 (10)×$\frac{12}{12}$		11	
	同上の $\frac{2.5}{1,000}$ 相当額		12	
	一般寄附金の損金算入限度額 $\frac{((9)+(12))×\frac{1}{4}}{}$		13	
特定公益増進法人等に対する寄附金の特別損金算入限度額の計算	寄附金支出前所得金額の $\frac{6.25}{100}$ 相当額 (8)×$\frac{6.25}{100}$		14	
	期末の資本金の額の月数換算額の $\frac{3.75}{1,000}$ 相当額 (11)×$\frac{3.75}{1,000}$		15	
	特定公益増進法人等に対する寄附金の特別損金算入限度額 $\frac{((14)+(15))×\frac{1}{2}}{}$		16	
	特定公益増進法人等に対する寄附金の損金算入額 (2)と((14)+(16))のうち少ない金額		17	
	指定寄附金等の金額（41の計）		18	
	国外関連者に対する寄附金額及び本店等に対する内部寄附金額		19	
	(4)の寄附金額のうち同上の寄附金以外の寄附金額 (4)－(19)		20	
損金不算入額	同上のうち損金の額に算入されない金額 (20)－((9)又は(13))－(17)－(18)		21	
	国外関連者に対する寄附金額及び本店等に対する内部寄附金額 (19)		22	
	完全支配関係がある法人に対する寄附金額 (5)		23	
	計 (21)+(22)+(23)		24	

公益法人等の場合

区分			No.	金額
損金算入限度額の計算	支出した寄附金の額	長期給付事業への繰入利子額	25	円
		同上以外のみなし寄附金額	26	4,100,000
		その他の寄附金額	27	
		計 (25)+(26)+(27)	28	4,100,000
	所得金額仮計（別表四「25の①」）		29	300,000
	寄附金支出前所得金額 (28)+(29)（マイナスの場合は0）		30	4,400,000
	同上の $\frac{20又は50}{100}$ 相当額（上記割合が200万円に満たない場合又は寄附金額が収入金額に基づく損金算入限度額を超える場合には、年200万円）		31	2,200,000
	公益社団法人又は公益財団法人の公益法人特別限度額（別表十四(二)付表「3」）		32	
	長期給付事業を行う共済組合等の損金算入限度額 (25)と融資額の年5.5％相当額のうち少ない金額		33	
	損金算入限度額 (31)、((31)と(32)のうち多い金額)又は((31)と(33)のうち多い金額)		34	2,200,000
	指定寄附金等の金額（41の計）		35	
損金不算入額	国外関連者に対する寄附金額及び完全支配関係がある法人に対する寄附金額		36	
	(28)の寄附金額のうち同上の寄附金以外の寄附金額 (28)－(36)		37	4,100,000
	同上のうち損金の額に算入されない金額 (37)－(34)－(35)		38	1,900,000
	国外関連者に対する寄附金額及び完全支配関係がある法人に対する寄附金額 (36)		39	
	計 (38)+(39)		40	1,900,000

指定寄附金等に関する明細

寄附した日	寄附先	告示番号	寄附金の使途	寄附金額 41
				円
		計		

特定公益増進法人若しくは認定特定非営利活動法人等に対する寄附金又は認定特定公益信託に対する支出金の明細

寄附した日又は支出した日	寄附先又は受託者	所在地	寄附金の使途又は認定特定公益信託の名称	寄附金額又は支出金額 42
				円
		計		

その他の寄附金のうち特定公益信託（認定特定公益信託を除く。）に対する支出金の明細

支出した日	受託者	所在地	特定公益信託の名称	支出金額
				円

62

① 旧定額法又は定額法による減価償却資産の償却額の計算に関する明細書

事業年度又は連結事業年度	令和 2・4・1　令和 3・3・31	法人名	学校法人○○学園

別表十六(一)　令二・四・一以後終了事業年度又は連結事業年度分

項目	No	建物	構築物			合計
種類	1	建物	構築物			
構造	2					
細目	3					
取得年月日	4					
事業の用に供した年月	5					
耐用年数	6	年	年	年	年	年
取得価額又は製作価額	7	外 30,000,000	1,000,000	外	外	外 31,000,000
圧縮記帳による積立金計上額	8					
差引取得価額 (7)-(8)	9	30,000,000	1,000,000			31,000,000
償却額計算の対象となる期末現在の帳簿記載金額	10	28,800,000	800,000			29,600,000
期末現在の積立金の額	11					
積立金の期中取崩額	12					
差引帳簿記載金額 (10)-(11)-(12)	13	外△ 28,800,000	外△ 800,000	外△	外△	外△ 29,600,000
損金に計上した当期償却額	14	600,000	100,000			700,000
前期から繰り越した償却超過額	15	外	外	外	外	外
合計 (13)+(14)+(15)	16	29,400,000	900,000			30,300,000
平成19年3月31日以前取得分 残存価額	17					
差引取得価額×5% (9)×...	18					
(9)の場合 旧定額法の償却額計算の基礎となる金額 (9)-(17)	19					
旧定額法の償却率	20					
算出償却額 (19)×(20)	21	円	円	円	円	円
増加償却額 (21)×割増率	22	(　　)	(　　)	(　　)	(　　)	(　　)
計 ((21)+(22))	23					
(9)の場合 算出償却額 ((18)-1円)×...	24					
平成19年4月1日以後取得分 定額法の償却額計算の基礎となる金額 (9)	25	30,000,000	1,000,000			31,000,000
定額法の償却率	26	円	円	円	円	円
算出償却額 (25)×(26)	27	600,000	100,000			700,000
増加償却額 (27)×割増率	28	(　　)	(　　)	(　　)	(　　)	(　　)
計 (27)+(28)	29	600,000	100,000			700,000
当期分の普通償却限度額等 (23)、(24)又は(29)	30	600,000	100,000			700,000
特別償却等 租税特別措置法適用条項	31	条　項	条　項	条　項	条　項	条　項
特別償却限度額	32	外 円	外 円	外 円	外 円	外 円
前期から繰り越した特別償却不足額又は合併等特別償却不足額	33					
合計 (30)+(32)+(33)	34	600,000	100,000			700,000
当期償却額	35	600,000	100,000			700,000
償却不足額 (34)-(35)	36					
償却超過額 (35)-(34)	37					
前期からの繰越額	38	外	外	外	外	外
当期損金認容額 償却不足によるもの	39					
積立金取崩しによるもの	40					
差引合計翌期への繰越額 (37)+(38)-(39)-(40)	41					
翌期に繰り越すべき特別償却不足額...	42					
当期において切り捨てる特別償却不足額又は合併等特別償却不足額	43					
差引翌期への繰越額 (42)-(43)	44					
翌期へ繰り越す額の内訳 ・・	45					
当期分不足額	46					
適格組織再編成...	47					

備考

御注意

2　1　(2)措置法又は震災特例法による特別償却の規定の適用を受ける場合には、特別償却限度額の計算に関する付表を添付してください。

この表には、減価償却資産の耐用年数等及び償却方法について、耐用年数、償却率等及び償却方法の異なるごとにまとめて別行にして、その合計額を記載してください。なお、(1)の資産の用に供した資産又は資本的支出であるものに属するものを除きます。

様式第一

FB4111

令和　年　月　日

自 平成 令和 **2** 年 **4** 月 **1** 日
至 平成 令和 **3** 年 **3** 月 **31** 日

麹町　　　税務署長殿

（収受印）

納 税 地	東京都千代田区九段北
	電話（　　　）　　－
（フリガナ）	ガッコウホウジンマルマルガクエン
法 人 名	学校法人〇〇学園
法 人 番 号	
期末現在の資本金の額又は出資金の額	
所得金額又は欠損金額	2 2 0 0 0 0 0

整 理 番 号	
提出枚数	**1** 枚　　うち **1** 枚目
事 業 種 目	その他の小売業　業種番号 **49**
※税務署処理欄 提出年月日	令和　　年　　　月　　　日

租 税 特 別 措 置 法 の 条 項	区 分 番 号	適 用 額 十億　百万　千　円
第 **42** 条の **3の2** 第 **1** 項第 **3** 号	0 0 3 8 2	2 2 0 0 0 0 0
第　条第　項第　号		
第　条第　項第　号		
第　条第　項第　号		
第　条第　項第　号		
第　条第　項第　号		
第　条第　項第　号		
第　条第　項第　号		
第　条第　項第　号		
第　条第　項第　号		
第　条第　項第　号		
第　条第　項第　号		
第　条第　項第　号		
第　条第　項第　号		
第　条第　項第　号		
第　条第　項第　号		
第　条第　項第　号		
第　条第　項第　号		
第　条第　項第　号		

当該適用額明細書を再提出する場合には、訂正箇所のみ記載するのでなく、すべての租税特別措置について記載してください。

64

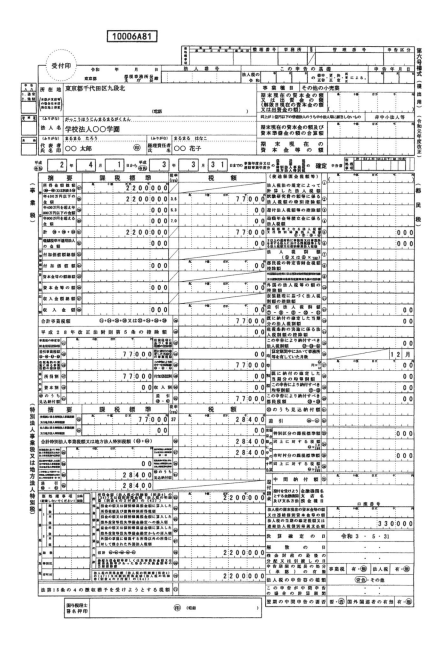

65

法人都民税の課税・非課税の判定票

法人番号			
法人名	学校法人〇〇学園		
事業年度	令和 2年 4月 1日から 令和 3年 3月31日まで		

収益事業から生じた所得金額の計算		法人税の課税標準となる所得金額 (法人税明細書別表四(49)「所得金額又は欠損金額」欄)		1	2,200,000
	加算欄	収入算した金額とされた益もの金	収益事業から収益事業以外の事業に支出した金額	2	4,100,000
			受取配当金で益金とされなかった金額	3	
			還付法人税額等	4	
				5	
				6	
				7	
		加算欄計(2+3+4+5+6+7)		8	4,100,000
	減算欄	支出算した金額とされた損もの金	寄附金の損金不算入限度超過額	9	1,900,000
			法人税明細書別表四において損金不算入とした法人税額	10	
			法人税明細書別表四において損金不算入とした附帯税額	11	
				12	
				13	
				14	
		減算欄計(9+10+11+12+13+14)		15	1,900,000
		収益事業から生じた所得金額(1+8-15)		16	4,400,000
課非の判定		$(16) \times \dfrac{90}{100}$		17	3,960,000
		当期中において収益事業から収益事業以外の事業に支出した金額		18	4,100,000
		(18)の金額が(17)の金額　以上である場合………非課税 未満である場合………課　税			

添付書類	1．決算書 2．法人税申告書別表一（二） 3．法人税明細書別表四	4．法人税明細書別表十四（二） 5． 6．

この判定票は、申告書（第6号様式）に添付して提出してください。

Ⅱ　学校法人の消費税

1　学校法人の消費税のあらまし

消費税とは…一般に消費に負担を求める税として，国内で事業を行う個人および法人に対して，物品・サービスの流通の各段階で課税され，個人は暦年ごとに，法人は事業年度ごとに申告・納付する税金です。学校法人の行う物品・サービスの流通については，消費税が課税されないものも多く，申告・納付にあたっては複雑な調整計算も必要です。

1　消費税の最終的な負担者

消費税は，物品・サービスの流通の各段階で追加された価値（付加価値）に対して課税される税金で，最終的な負担者は物品やサービスの消費者です。この負担は，物品・サービスの購入先に対する代金に消費税を含めて支払うことにより行われます。学校法人の場合，一般に非課税収入や不課税収入が多いため，学校法人が物品・サービスの購入先に対して支払った消費税のうち，その流通（販売）先（学生，父兄等）に転嫁できない部分については消費者と類似した立場で消費税を負担していることとなります。この関係と，以下に述べる消費税の税務署への申告・納付義務とは別の側面ですので，まずこの点を再確認してください。

なお，消費税は，厳密には国税としての消費税と地方税としての地方消費税の双方を含みますが，以下，特に断らないかぎり，地方消費税を含むものとして扱います。

2　消費税の申告・納税義務者

消費税の申告・納税義務を負う者（申告・納税義務者）は事業者（法人および事業を行う個人）であり，事業者が国内で課税資産・サービスの譲渡等を行っ

た場合に，消費税の申告・納税義務が生じます（消法5）。**学校法人も事業者であり，国内で課税資産・サービスの譲渡等を行えば，原則として消費税の申告・納税義務が生じます。**

　ただし，その課税期間の基準期間（個人事業者は前々年，法人は前々事業年度）における課税売上高が1,000万円以下である事業者は，原則として申告・納税義務が免除されます。この事業者を**免税事業者**といいます（消法9）。

　なお，免税事業者でも課税事業者となることを選択することができる一方，次のような特定の場合には課税事業者とされます。

【基準期間の課税売上高が1,000万円以下でも免税事業者となれない特定の場合とは】

① 課税事業者を選択した事業者が，新たに課税事業者となった事業年度以後2年度の間に一つ（一取引単位）100万円以上の固定資産（これを調整対象固定資産といいます）の課税仕入れを行い，簡易課税制度（7　簡易課税制度とは　参照）を適用せずに一般課税で消費税の申告を行った場合の，その調整対象固定資産購入年度以後3年度間

② 資本金1,000万円以上の新設会社

③ 直前事業年度の前半6ヵ月の課税売上高または給与等支給額（いずれかを選択可）が1,000万円を超える場合

④ 免税事業者制度および簡易課税制度を受けていない事業者が，一つ（一取引単位）1,000万円以上の課税仕入れ（高額特定資産の取得）を行った場合の，その事業年度を含めて以後3年度間（平成28年4月1日以後の高額特定資産の取得から適用）

3　消費税の課税対象

　消費税の課税対象は，国内において・事業者が行う・資産の譲渡等（事業として対価（代金）を得て行う資産の譲渡，資産の貸付けおよび役務の提供）とされています（消法4①）。

(1)　国内での資産の譲渡等

　消費税は国内で消費される財貨・サービスに対して負担を求めるものですから，国内で行われる取引のみが課税の対象とされています。

　したがって，国外で行われる取引は，そもそも課税の対象になりません。また，輸出取引は免税（課税取引であるが，税率が0％）とされます。

　一方，輸入取引など，海外からの物品を保税地域から引き取る場合は消費税が課税され，税関への申告・納付が義務付けられています。

　なお，国外からの役務提供にかかる消費税の扱いについては，**❷　消費税にかかる最近の税制改正**の第2項を参照してください。

(2)　事業者が事業として行う取引

　消費税は事業者が事業として行う取引が課税の対象になります。

　したがって，事業者以外の者が行う取引や，事業者であっても事業外の取引は課税の対象になりません。なお，法人の行う取引はすべて事業取引となります。

　事業とは，資産の譲渡等の取引行為を反復，継続，独立して行うことをいい，その規模を問わないこととされています（参考：消基通5－1－1）。

　なお，事業活動に付随して行われる取引は事業として行う取引に含まれます。

(3)　対価を得て行われる取引

　消費税は**対価（代金）を得て行われる取引に対して課されます**ので，無償の取引は原則として課税の対象になりません（不課税の取引として扱われます）。ただし，個人事業者が事業の用に供していた資産を家事のために消費または使用した場合や，法人が資産をその役員に対して贈与した場合には，例外的に事業として対価を得て行われる資産の譲渡とみなされ，課税の対象となります（消法4⑤）。

【参考：不課税の取引の具体例】
(1) 給与・賃金…これらは雇用契約に基づく労働の対価（代金）であり，事業として行う資産の譲渡等の対価にはあたらないからです。
(2) 寄付金，祝金，見舞金，補助金等…これらは対価（ものやサービスの代金）として支払われるものではないからです。
(3) 保険金や共済金…資産の譲渡等の対価とはいえないからです。
(4) 株式配当金…株主の地位に基づいて支払われるものであり，資産の譲渡等の対価とはいえません。
(5) 損害賠償金…資産の譲渡等の対価とはいえないからです。ただし，名目が損害賠償金であっても，損害を受けた物品を加害者が引取る場合のような，物品の対価性がある場合は課税の対象となります。

(4) 課税対象となる資産

課税対象となる資産には，取引の対象となる一切の資産を含み，棚卸資産や固定資産のような有形資産に限らず，権利その他の無形資産もここにいう資産に含まれます。

(5) 資産の譲渡等

資産の譲渡等とは，**資産の譲渡および貸付けのほか，役務の提供を含みます**（消法2①八）。

資産の貸付けには，資産に係る権利の設定その他他の者に資産を使用させる一切の行為を含むこととされています（消施令1③）。「資産に係る権利の設定」とは，例えば，土地に係る地上権もしくは地役権，特許権等の工業所有権に係る実施権もしくは使用権または著作物に係る出版権の設定等をいい，「資産を使用させる一切の行為」とは，たとえば，工業所有権等の使用，提供や著作物の複製，上演等をいいます。

　役務の提供とは，たとえば，土木工事，修繕，保管，印刷，広告等のサービスを提供することをいい，弁護士，会計士等いわゆる自由業もこれに該当します。

　なお，代物弁済，負担付き贈与，現物出資などの特定の取引は，対価を得て行われる資産の譲渡等に含むこととされています。

4　非課税となるもの

消費税の課税対象は，国内において事業者が行う資産の譲渡等ですが，これらの資産の譲渡等の中には，消費に負担を求める消費税としての性格上，課税の対象としてふさわしくないものや社会政策的観点から課税することが適当でないものがあり，次の取引については非課税とされています（消法6，消法別表第一）。

① **土地の譲渡，貸付け**（一時的に使用させる場合等を除きます。）
② 有価証券等または支払手段（手形，小切手など：収集品，販売用のものは除きます。）の譲渡
③ **利子**を対価とする金銭・資産の貸付け等の金融取引，**保険料**を対価とする役務の提供等
④ **郵便事業株式会社および一定の販売所（簡易郵便局）が行う郵便切手類**または**印紙**の譲渡，地方公共団体の行う**証紙の譲渡**
⑤ **物品切手等**（商品券，プリペイドカードなど）**の譲渡**
⑥ **国，地方公共団体，公共法人，公益法人等が法令に基づき徴収する手数料等**に係る役務の提供
⑦ 外国為替及び外国貿易法に規定する一定の外国為替業務としての役務の提供
⑧ 健康保険法等の医療保険各法や公費負担医療制度に基づいて行われる医療の給付等
⑨ 介護保険法の規定に基づく居宅介護サービス，施設介護サービス等
⑩ 社会福祉事業，更生保護を行う事業等として行われる資産の譲渡等

⑪　助産に係る資産の譲渡等

⑫　埋葬料，火葬料を対価とする役務の提供

⑬　一定の身体障害者用物品の譲渡，貸付け等

⑭　**学校等における授業料，入学金，施設設備費，入学検定料，学籍証明等手数科を対価とする役務の提供**

⑮　**一定の教科用図書の譲渡**

⑯　**住宅の貸付け**（一時的に使用させる場合を除きます。）

学校が行う資産の譲渡等についても，上記のいずれかに該当するもののみ非課税となります。

5　学校法人の収入・支出にかかる消費税の概略

学校法人の収入および支出にかかる消費税上の扱いは，個々の収入・支出の内容により判断すべきですが，その概略を理解するために，学校法人の計算書類の科目に沿って課税非課税の概略を示せばつぎのとおりです。消費税は，原則として学校法人の有償の取引のうち，特定の収入（課税売上等）および特定の支出（課税仕入れ）について算定・課税するものですから，資金収支計算書の科目に沿って概観すると理解しやすいでしょう。

資金収入の部			
大　科　目	小　科　目	概ねの課否	具　体　的　な　扱　い
学生生徒等納付金収入	授業料収入	非課税	
	入学金収入	非課税	入学許可年度に算入する
	実験実習料収入	非課税	
	施設設備資金収入	非課税	
手数料収入	入学検定料収入	非課税	
	試験料収入	非課税	再試験，追試験料等以外は課税
	証明手数料収入	非課税	
寄付金収入	特別寄付金収入	不課税	特定収入

			ただし指定寄付金・受配者指定寄付金で，使途が人件費や利子補給等のみのものは特定外
	一般寄付金収入	不課税	特定収入
補助金収入	国庫補助金収入	不課税	特定収入 　ただし交付要綱等で，使途が人件費や利子補給等のみのものは特定外
	都道府県補助金収入	不課税	特定収入 　ただし交付要綱等で，使途が人件費や利子補給等のみのものは特定外
資産売却収入	施設売却収入	課税	土地売却収入は非課税
	設備売却収入	課税	
	有価証券売却収入	非課税	株式等の売却収入は，課税売上割合算定上は，収入額×5％の額を非課税収入とする 特定収入割合算定上は，収入額そのものを非課税収入とする
付随事業・収益事業収入	補助活動収入	課税	
	附属事業収入	課税	
	受託事業収入	課税	
	収益事業収入		学校会計への繰入額ではなく，収益事業会計における収支各々について課税・非課税を判定，算入する
受取利息・配当金収入	第3号基本金引当特定資産運用収入	非課税または不課税	預金等利子は非課税　配当金は不課税（特定収入）
	その他の受取利息・配当金収入	非課税または不課税	預金等利子は非課税　配当金は不課税（特定収入）
雑収入	私立大学退職金財団交付金収入	不課税	特定外
	施設設備利用料収入	課税	期間1か月以上の地代・住居家賃は非課税

	廃品売却収入	課税	
	その他の雑収入		個々の収入の内容による
借入金等収入	長期借入金収入	対象外	
	短期借入金収入	対象外	
	学校債収入	対象外	
前受金収入	授業料前受金収入	対象外	
	入学金前受金収入	非課税	入学許可年度に算入する
	実験実習料前受金収入	対象外	
	施設設備資金前受金収入	対象外	
その他の収入	○○引当特定資産取崩収入	対象外	
	前期末未収入金収入	対象外	
	貸付金回収収入	対象外	
	預り金受入収入	対象外	

資金支出の部

大　科　目	小　科　目	概ねの課否	具　体　的　な　扱　い
人件費支出	教員人件費支出	対象外	通勤手当は課税
	職員人件費支出	対象外	通勤手当は課税
	役員報酬支出	対象外	通勤手当は課税
	退職金支出	対象外	
教育研究経費支出	消耗品費支出	課税	
	光熱水費支出	課税	
	旅費交通費支出	課税	海外出張旅費・日当は課税対象外
	奨学費支出	対象外	
	車両燃料費支出	課税	元売業者に支払う軽油引取税は課税対象外

	福利費支出	課税	慶弔金は課税対象外
	通信費支出	課税	国際電話料・郵便料は課税対象外
	印刷製本費支出	課税	
	出版物費支出	課税	
	修繕費支出	課税	
	損害保険料支出	非課税	
	賃借料支出	課税	期間1か月以上の地代・住居家賃は非課税
	公租公課支出	対象外	
	諸会費支出	非課税	対価性のあるものは課税
	会議費支出	課税	
	報酬・委託・手数料支出	課税	
	雑費支出		個々の支出の内容による
管理経費支出	消耗品費支出〜○○支出		教育研究経費各科目に準ずる
	広報費支出	課税	
	渉外費支出	課税	慶弔金は課税対象外
借入金等利息支出	借入金利息支出	非課税	
	学校債利息支出	非課税	
借入金等返済支出	借入金返済支出	対象外	
	学校債返済支出	対象外	
施設関係支出	土地支出	非課税	売買仲介料は課税
	建物支出	課税	
	構築物支出	課税	
	建設仮勘定支出	対象外	完成時に支出内容により課税・非課税を判定し、算入する
設備関係支出	教育研究用機器備品支出	課税	

	管理用機器備品支出	課税	
	図書支出	課税	
	車両支出	課税	
	ソフトウェア支出	課税	
資産運用支出	有価証券購入支出	非課税	
	○○引当特定資産繰入支出	対象外	
	収益事業元入金支出	対象外	
その他の支出	貸付金支払支出	対象外	
	前期末未払金支払支出	対象外	
	預り金支払支出	対象外	
	前払金支出	対象外	

6　申告消費税額の計算

(1)　課税期間

　課税期間（申告・納付する消費税額の計算の基礎となる期間）は，原則として，個人事業者は暦年，**法人は各事業年度です**（消法19）。ただし，課税期間を3か月もしくは1か月とする，課税期間の特例を選択することができます。

(2)　課税の対象額

　課税の対象額（課税標準といいます）は，課税資産の譲渡等の対価の額（税抜きの課税売上高）です（消法28①）。なお，個別消費税のうち，酒税，揮発油税等は対価の一部を構成するものであり，消費税の課税標準に含まれますが，石油元売り業者に支払う軽油引取税やゴルフ場利用税等の購入・利用者が納税義務を負うものは消費税の課税標準に含まれません。

(3)　税　　率

　消費税の税率は，**消費税（国税）7.8%と地方消費税2.2%を合わせた合**

計10%です（消法29，地法72の83）。

　令和元年10月から，税率が８％（消費税（国税）6.3％と地方消費税1.7％）から10％（消費税（国税）7.8％と地方消費税2.2％）へ引上げられ，また**飲食料品と定期購読の新聞について軽減税率８％（消費税（国税）6.24％と地方消費税1.76％）**が導入されています。

(4)　仕入税額控除制度

　取引の各段階での課税の累積を排除するために，仕入税額控除制度が設けられています（消法30）。

　消費税の計算上，課税標準額（課税売上高）に対する消費税額から，その課税期間中に国内において行った課税仕入れに係る消費税額およびその課税期間中に保税地域から引き取った課税貨物に係る消費税額の合計額（課税仕入れ等の税額）のうち，課税売上割合（注）に応じた額として個別対応方式または一括比例配分方式のいずれか選択した方式によって算定した額を控除することができます。なお，課税売上割合が95％以上かつ課税売上高が５億円以下の事業年度については，課税仕入れ税額の全額を控除することができます（消法30②）。

　（注）　課税売上割合＝課税売上高／（課税売上高＋非課税売上高）

　個別対応方式：課税仕入れ税額を，売上高との関係で①課税資産の譲渡等にのみ要するもの，②非課税の資産の譲渡等にのみ要するもの，および③両者に共通して要するものに区分し，次の算式で仕入控除税額を算定する方法です（消法30②一）。

　仕入控除税額＝上記①の税額＋（上記③の税額×課税売上割合）

　（なお，個別対応方式を採る場合，申請により，課税売上割合に代えて課税売上割合に準ずる割合によることができます。）

　一括比例配分方式：課税仕入れ税額全体を，課税売上割合で按分する方法

です（消法30②二，同④）。

> 仕入控除税額＝課税仕入れ税額合計×課税売上割合

　一般に，〔課税仕入税額の総額〕に占める〔課税資産の譲渡等にのみ要する課税仕入税額（上記①）〕の割合が大きい場合は個別対応方式が有利傾向となり，また，〔課税仕入税額の総額〕に占める〔非課税の資産の譲渡等にのみ要する課税仕入税額（上記②）〕の割合が大きい場合は一括比例配分方式が有利傾向となります。

　なお，一括比例配分方式を選択した場合，２年度間は継続して適用しなければならないこととされています（消法30⑤）。

(5)　課税売上割合の計算の特例（特定収入の調整計算）

　学校法人や財団・社団法人等のような，消費税法別表第三に掲げられている法人では，補助金や寄付金などの特定収入によって課税仕入れの一部が賄われている場合には，国や地方公共団体の場合と同様，通常の方法により算定された仕入控除税額にさらに一定の調整計算が必要となる場合があります（消法60：いわゆる特定収入にかかる仕入税額の調整計算）。

(6)　課税売上割合が著しく変動した場合の仕入控除税額の調整

　一つ（一取引単位）100万円以上の固定資産（調整対象固定資産といいます）の課税仕入れを行った年度の課税売上割合から，その年度を含む以後３期間の通算課税売上割合が一定割合以上に大きく変動している場合には，３年度目の事業年度において仕入控除税額の調整が必要となります（消法33：なお，当該調整対象固定資産を３年度目までに売却・除却した場合は適用なし）。

(7)　課税業務用から非課税業務用に転用した場合等の仕入控除税額の調整

　一つ（一取引単位）100万円以上の固定資産（調整対象固定資産といいます）

の課税仕入れを行い，その仕入れ税額について，個別対応方式により課税業務用のみに供するものとして仕入控除税額の計算・申告を行った場合で，その調整対象固定資産を購入後3年以内に非課税業務用に転用した場合，また逆に，非課税業務用の調整対象固定資産を購入後3年以内に課税業務用に転用した場合には，その転用した時期に応じて仕入控除税額の調整が必要となります（消法34①，同35）。

(8)　免税事業者が課税事業者となる場合等の棚卸資産に係る仕入控除税額の調整

　免税事業者が新たに課税事業者となった場合には，免税最終事業年度末の棚卸資産のうち免税事業年度中に仕入れたものに係る仕入税額は，その新課税年度の仕入税額とみなされ，仕入控除税額の計算に含めることができます。逆に，課税事業者が新たに免税事業者となる場合には，課税最終事業年度末の棚卸資産のうちその課税最終年度に仕入れたものに係る仕入税額は，その課税最終年度の仕入税額から除外され，仕入控除税額の計算に含めてはならないこととされています（消法36）。

7　簡易課税制度とは

　中小事業者の納税事務負担の軽減を図る観点から，原則として基準期間（法人の場合は前々事業年度）における課税売上高が5,000万円以下である課税期間については，その課税期間の前年度末までに簡易課税制度選択届出書を提出することにより，仕入控除税額の計算を課税売上高に係る消費税額を基準として簡易に行える，簡易課税制度が設けられています（消法37）。ただし，つぎのような特定の場合には簡易課税の選択はできません。

【基準期間の課税売上高が5,000万円以下でも簡易課税を選択できない特定の場合とは】

　①　課税事業者を選択した事業者が，新たに課税事業者となった事業年度以後2年度の間に一つ（一取引単位）100万円以上の固定資産（これを調整対象

固定資産といいます）の課税仕入れを行い，簡易課税制度を適用せずに消費
税の申告を行った場合の，その調整対象固定資産購入年度以後３年度間

② 　資本金1,000万円以上の新設会社で設立後２年度の間に一つ（一取引単
位）100万円以上の固定資産（調整対象固定資産）の課税仕入れを行い，簡
易課税制度を適用せずに消費税の申告を行った場合の，その調整対象固定
資産購入年度以後３年度間

③ 　免税事業者制度および簡易課税制度を受けていない事業者が，一つ（一
取引単位）1,000万円以上の課税仕入れ（高額特定資産の取得）を行った場合
の，その事業年度を含めて以後３年度間（平成28年４月１日以後の高額特定
資産の取得から適用）

なお，簡易課税制度を選択した場合，**２年度間は継続して適用しなければな**
らないこととされています。

（簡易課税制度を選択した場合，「**6　申告消費税額の計算**」のうち，(4)〜(8)の適用は
ありません。）

【簡易課税の仕入控除税額の計算式】

> **仕入控除税額＝課税売上高に対する消費税額×みなし仕入率**

みなし仕入率は，総務省の日本標準産業分類をもとに，第１種事業（90％）
から第６種事業（40％）までの６つの事業区分ごとに定められています（消法
37①，消施令57①）。

複数種の事業を行っている場合は，課税売上税額に各事業区分ごとの課税売
上税額の構成割合によりみなし仕入率を加重平均した率を乗じて仕入控除税額
を求めます（消施令57②）。各事業ごとの区分を行っていない場合は，営む事業
区分のうち，最も低いみなし仕入率が適用されます（消施令57④）。

なお，複数種の事業収入がある場合で，一つの業種の収入が全業種の収入に
占める割合が75％以上の場合，その業種のみなし仕入率を全業種に適用できる
等の取扱いがあります（消施令57③）。

8　申告・納付

　課税事業者は，各課税期間の末日の翌日から2か月以内に所轄税務署に消費税（地方消費税を含む）の確定申告書を提出し，申告税額を納付することとされています（消法45，同49）。

　また，直前の課税期間の確定消費税額に応じて中間申告・納付を行うこととされています（消法42，同48）。なお，各中間申告対象期間について仮決算を行い，計算した消費税額及び地方消費税額により中間申告・納付することもできます。ただし，仮決算を行い，中間申告において計算した税額がマイナスとなった場合であっても，中間申告では還付を受けることはできません。

9　その他

イ　届出書の提出

　　基準期間における課税売上高が1,000万円を超え課税事業者となった場合や，逆に1,000万円以下となり免税事業者となった場合，課税事業者が事業を廃止した場合等には，事業者は，各々その旨を記載した届出書を所轄税務署長に提出しなければならないこととされているほか，課税上の諸々の制度を選択する場合に**適時に届出書の提出を要するケースが種々あり**，各々的確な対応が求められます。また，自学校法人が今までにどのような届出等を行っているのかについて，普段から整理，認識しておくことが必要です。

【**参考：消費税の主な届出書**】
・消費税課税事業者届出書（基準期間用），（特定期間用）
・消費税の納税義務者でなくなった旨の届出書
・消費税課税事業者選択届出書
・消費税課税事業者選択不適用届出書
・消費税簡易課税制度選択届出書
・消費税簡易課税制度選択不適用届出書

ロ　帳簿の備付け等

　　課税事業者は，帳簿を備え付けて，これに資産の譲渡等に関する事項等を整然と，かつ明瞭に記録し，かつ，これを７年間，納税地等に保有することとされています。なお，令和元年10月の税率10％への引上げおよび飲食料品，定期購読の新聞についての軽減税率８％の適用にともない，仕入税額控除の適用を受ける要件に，帳簿への軽減税率の対象品目の区分記載が追加されています。

ハ　総額表示（税込価格表示）の義務付け

　　課税事業者が取引の相手方である消費者に対して，値札やチラシあるいはカタログなどによって，商品やサービスなどの価格をあらかじめ表示する場合には，消費税額（地方消費税額を含みます。）を含めた支払総額（税込価格）の表示が義務付けられています。

　　ただし，平成25年10月１日施行の消費税転嫁措置法により，当面，税込価格であると誤認されないことを条件に税抜価格によることも認められることとなっています。

② 消費税にかかる最近の税制改正

1 消費税率の引上げほか

消費税率および地方消費税率は，次のように段階的に引上げられてきました。

	H26.3.31以前の譲渡等	H26.4.1以後の譲渡等	R元.10.1以後の譲渡等（軽減税率）
消費税率 地方消費税率	4.0% 1.0%	6.3% 1.7%	7.8%（6.24%） 2.2%（1.76%）
合　計	5.0%	8.0%	10.0%（8％）

　令和元年10月１日以後の資産の譲渡等については税率10％（国税7.8％，地方消費税2.2％）が適用されることとなりました。

【この税率改正の留意点】

①　特定の取引について旧税率8％が適用される経過措置があります。

②　飲食料品，定期購読の新聞等については軽減税率8％（消費税6.24％，地方消費税率1.76％）が適用されることとなりました。

③　帳簿・請求書等の区分記載保存方式が導入されました。（「4　区分記載請求書等保存方式の導入」参照）

【この税率改正にかかる実務対応】

①　消費税申告納付時に，課税売上高，課税仕入高および使途が課税仕入れに特定された特定収入をそれぞれ新税率，旧税率および軽減税率ごとに集計しなければなりません。このため，日々の課税収支を帳簿入力する際に各税率ごとに区分することが必要です。

とりわけ，旧税率8％（消費税6.3％，地方消費税率1.7％）と軽減税率8％（消費税6.24％，地方消費税率1.76％）とは国税・地方税の構成割合が異なりますので，税額集計上は，税率が異なるものとして扱うこととなる点に注意が必要です。

| 軽減税率適用の具体的な判定 |

・学生食堂

　…基本的に食堂内での喫食には軽減税率は適用されないが，テイクアウトには適用される。

・学校給食法に定める給食

　…1食＠640円（1日の累計1,920円）以内（税抜）であれば軽減税率が適用される。

・渉外費，教材費，消耗品費等に含まれる飲食料品の購入

　…販売者が飲食料品として販売しているものは実際の用途にかかわらず軽減税率が適用される。

（参考）　「消費税の軽減税率制度に関するQ&A（制度概要編）」（国税庁H30.1改訂）
　　　　　「消費税の軽減税率制度に関するQ&A（個別事例編）」（国税庁R元.7改訂）

② 軽減税率が適用される課税仕入については，請求書等および帳簿上，対象品目の区分記載をすることが，仕入税額控除の要件となります。

（参考）　従前より，課税仕入れ先名称や，取引年月日，取引内容，金額を帳簿に記載することは仕入税額控除の要件とされていることにも留意。

③ 令和元年10月以降の取引でも**経過措置が適用されるものについては必ず旧税率の取引として集計する**ことが必要です。なお，軽減税率が適用されるものには経過措置は適用されません。

（参考）「平成31年（2019年）10月1日以後に行われる資産の譲渡等に適用される消費税率等に関する経過措置の取扱いQ&A（基本的な考え方編）」（国税庁H 30.10）

「平成31年（2019年）10月1日以後に行われる資産の譲渡等に適用される消費税率等に関する経過措置の取扱いQ&A（具体的事例編）」（国税庁H30.10）

④ 簡易課税の場合も課税売上高について各税率ごとの集計が必要です。

2　国外からの役務提供にかかる消費税課税の見直し

① インターネット等電気通信利用役務の提供取引（電子書籍，音楽，広告の配信など）にかかる国内国外判定が，役務の提供を受ける者の住所等によることとされました（見直し前は役務の提供を行う者の住所等により判定）。

② 海外の事業者による「事業者向けインターネット等電気通信利用役務の提供」を国内の事業者が受けた場合，その国内の事業者に申告納税義務が課されることとされました（リバースチャージ方式：課税売上割合が95％未満である国内事業者にのみ適用）。

③ 海外の事業者による「事業者向け以外のインターネット等電気通信利用役務の提供」を国内の事業者が受けた場合，その海外の事業者が登録国外事業者である場合を除き，仕入税額控除ができないこととされました。

④ 海外の事業者による「芸能・スポーツ等の役務の提供」を国内の事業者が受けた場合，その国内の事業者に申告納税義務が課されることとされました（リバースチャージ方式：課税売上割合が95％未満である国内事業者にのみ適用）。

なお，上記②〜④は，簡易課税選択事業者には適用されません。

（①〜③は平成27年10月１日以後の譲渡等から適用，④は平成28年４月１日以後の譲渡等から適用）

3　高額特定資産を取得した場合の免税点制度等の見直し

簡易課税制度を受けていない課税事業者が，一つ（一取引単位）1,000万円以上の課税仕入れ（高額特定資産の取得）を行った場合は，その事業年度を含めて以後３年度間は事業者免税点制度および簡易課税制度が適用されないこととされました（平成28年４月１日以後の高額特定資産の取得から適用）。

4　区分記載請求書等保存方式の導入

令和元年10月の税率10％への引上げおよび飲食料品，定期購読の新聞についての軽減税率８％の適用にともない，**仕入税額控除の適用を受ける要件として，帳簿および請求書等に税率ごとの記載が義務付けられる**こととされました（令和元年10月１日〜令和５年９月30日までの取引につき適用）。

5　適格請求書等保存方式の導入

令和５年10月以後は，仕入税額控除の適用を受ける要件として，**適格請求書発行事業者登録制度および適格請求書等保存方式が導入される**こととされました（いわゆるインボイス制度）。なお，適格請求書発行事業者の登録申請は，課税事業者のみ行うことができることとされます。

6　賃貸住宅の取得にかかる仕入税額控除の制限等

①　居住用賃貸建物の取得で高額特定資産（一つ（一取引単位）1,000万円以上の課税仕入れ）に該当するものについては，仕入税額控除額の対象としないこととされました（住宅の貸付けに供しないことが明らかな部分を除く）。ただし，取得日以後３事業年度中に住宅以外の貸付けに供したり，その居

住用賃貸建物を譲渡したりした場合は，一定の額がその事業年度の仕入税額控除額の計算に加算されます。

　（令和2年10月1日以後の該当資産の取得から適用。ただし，令和2年3月31日までに締結した契約に基づくものを除く）

②　住宅の貸付け対価については，従前は契約において居住用であることが明示されている場合のみ非課税とされていましたが，居住用であることが契約に明示されていない場合でも，状況からみて居住用に供されていることが明らかな場合は非課税とすることとされました（令和2年4月1日以後の貸付けから適用）。

　（この他，令和2年3月以降，新型コロナウィルス感染症対策として課税事業者選択届出書等の提出にかかる特例ほかの税制特例措置が設けられました。）

③　消費税に関する実務ポイント

Q1　納付金の減免

　教職員の子弟に対する納付金の減免を減免規程にしたがって行っており，教職員の給与として所得税の源泉徴収の対象としています。この納付金減免および給与について消費税の計算上はどのように扱われるのでしょうか。

Answer

　消費税法では，原則として対価を得て行う資産の譲渡等を課税の対象としていますから，無償による資産の譲渡等については課税対象外とな

　ります。したがって，質問の納付金減免については，どのような会計処理をするかにかかわらず，消費税の対象外となり，減免後の納付金の金額が非課税収入として扱われます。また，質問の教職員に対する給与についても，所得税法上の扱いおよび会計処理にかかわらず，消費税の計算から除外されます（消法2①八，消基通5－1－2）。

　なお消費税法上，法人の役員に対する無償または低額による資産の譲渡については，譲渡の時における価額（時価）相当額を譲渡対価として扱うこととされていますが，役務の提供についてはこの対象とされていませんので，学校法人の理事・監事の子弟に対する納付金の減免額についても教職員の場合と同様に取り扱われます（消基通5－3－5）。

〔他税目の扱いと留意点〕

源泉所得税…質問の納付金減免などの教職員が受ける経済的利益については各月末ごとに，または1年を超えない一定期間ごとに給与の収入金額に算入することになっています（所基通36－16(2)，同36－15(4)）。したがって，各月ごとまたは1年を超えない一定期間ごとに，その経済的利益（その期間の減免額）を他の金銭で支給される給与と合算の上で源泉所得税額を算出し，その税額を金銭で支給される給与から徴収することになります。

法人税等…法人税法上は，減免した納付金が益金（収益事業に該当しないため，課税はされません）に計上される一方，その教職員に給与が支給されたものとして認定されますから，その教職員が法人税法上の収益事業に携わっている場合は，この認定額を含め損金に算入できます。

Q 2 施設設備費の範囲

非課税となる施設設備費とはどのようなものがありますか。

Answer

　非課税とされるのは，学校等の施設設備の整備・維持を目的として学生・生徒等から徴収されるものをいい，例えば次のようなものがこれに該当します（消施令14の5三，消基通6－11－1，同6－11－2）。

　施設設備費（料），施設設備資金，施設費，設備費，施設拡充費，設備更新費，拡充設備費，図書館整備費，施設充実費，設備充実費，維持整備資金，施設維持費，維持費，図書費，図書拡充費，図書室整備費，暖房費

　一般に，授業料，入学金をはじめとして，施設設備費だけではなく，実験実習料等も教育役務の提供の代価として学則等に規定されている納付金であれば，非課税となるものと考えて差支えありません。

　なお，スクールバスの維持・運行費用を納付金としての「施設設備費」等の名目で徴収するような場合でも，納付金である限り，非課税となります。

〔他税目の扱いと留意点〕

　法人税等…納付金は，教育活動の代価として，法人税法上の収益事業には該当しません（参考：法施令5①三十）。

Q3　学校が収受する手数料等の非課税の範囲

　学校法人会計で手数料収入（大科目）として処理される収入は，すべて非課税と考えていいでしょうか。

Answer

　学校が収受する手数料収入（大科目）のうちで非課税となるのは，入学検定料，在学証明や成績証明の手数料等とされています（消法別表第一－十一，消施令14の5）。このうち，在学証明，成績証明等の手数料とは，指導要録，健康診断票等に記録されている学生・生徒等に関する記録による証明書の発行手数料およびこれに類する手数料をいい，例えば次のような証明書の発行手数料がこれに該当するものとされています（消基通6－11－3）。

　在学証明書，卒業証明書，卒業見込証明書，成績証明書，健康診断書，転学部・転学科に係る検定手数料，推薦手数料

　また，試験料のうち，追試験料や再試験料のような，授業の評価のために行われる試験の代価として徴収される試験料は，正課の教育の一部として行われるものであり，非課税とされます。一方で，その受験が任意な模擬試験料などは課税売上となります。

　学校が収受する手数料収入は，そのほとんどが非課税とされますが，厳密には上記に照らして判断することが必要です。

〔他税目の扱いと留意点〕

法人税等…手数料収入（大科目）は内容によりますが，公開模擬試験料等に該当するものを除いては法人税法上の収益事業には該当しません（参考：法施令5①三十）。

Q4 入学検定料の範囲

非課税とされている「入学のための試験に係る検定料」には，どのようなものが含まれますか。

Answer

「入学」の範囲には，学校の教育課程（授業）を当初から履修する通常の入学のほか，途中から履修するためにその学校の学生となる「編入学」等も含まれると判断され，これらに係る検定料についても入学検定料として非課税となります。例示すれば次のとおりです。

○ 他の学校から編入学する場合の入学検定料

○ 学士入学の場合の入学検定料

○ 退学者が再入学願いを提出した場合の再入学料

○ 除籍者が復籍願いを提出した場合の検定料

また，聴講生，研究生等の選考にあたって徴収される検定料，選考料等も入学検定料に該当し，非課税となります。

なお，転学部・転学科に係る検定についての手数料は，あらたにその学校の学生になるわけではありませんから入学検定料には該当しませんが，一方で在学証明等の手数料に該当し，非課税となります（消基通6－11－3）。

〔他税目の扱いと留意点〕

法人税等…学校の正課に係る入学検定料は，法人税法上の収益事業に該当しませんので，法人税等は非課税となります（参考：法施令5①三十）。

Q 5　寄付金の取扱い

　当学校法人は，後援会から体育館建設資金として寄付金を受領しましたが，消費税の計算上どのように取り扱われるのでしょうか。

Answer

　寄付金収入は，反対給付を伴わない贈与による収入であることから，消費税法上は「資産の譲渡等の対価」以外の収入，すなわち不課税収入として取り扱われます（消法2①八，消基通5－1－2）。

　また，以下に述べるように，仕入税額控除の特例計算上の特定収入に該当する場合があります。（この場合でも，不課税収入であることには変わりありません）

　資金収支計算書上，寄付金収入は寄付者の意思によりその使途が特定されている場合には特別寄付金収入，それ以外のものは一般寄付金収入に区分経理されています。消費税の仕入税額控除の特例計算上は，一般寄付金は，課税仕入れ等および課税仕入れ等以外の支出に共通に使用される特定収入（使途不特定の特定収入）に該当することとなります。

　つぎに，特別寄付金のうち，

(1)　財務省告示の指定寄付金および日本私立学校振興・共済事業団を経由する受配者指定寄付金については，募集趣旨等によりその使途が定められており，その内容が財務省告示または日本私立学校振興・共済事業団の通知書において明らかにされるところから，その使途が課税仕入れにのみに充てることとされているもの，および課税仕入れと課税仕入れ以外に共通して充てられることとされているものは特定収入となり，一方，課税仕入れ以外にのみ充てることとされているものは特定収入に該当しないこととされています。

(2) 指定寄付金や受配者指定寄付金以外の特別寄付金については，国もしくは地方公共団体または特別の法律により設立された法人の発行する文書においてその使途が明らかにされているものではないので，すべて課税仕入れ等と課税仕入れ等以外の支出に共通的に使用される特定収入として取り扱われることとなります。

　質問の後援会からの寄付金収入も不課税収入となり，また，財務省告示の指定寄付金あるいは日本私立学校振興・共済事業団からの受配者指定寄付金に該当しない限り，仕入税額控除の特例計算上，課税仕入れ等と課税仕入れ等以外の支出に共通的に使用される特定収入（使途不特定の特定収入）として扱われることとなります（消法60④，消施令75①六，同75④）。

〔他税目の扱いと留意点〕

　法人税等…寄付金収入は，法人税等は非課税となります。

　印紙税…寄付金の領収証を含め，学校法人が作成する受取書（領収証）は，営業に関しないものとして印紙税は課されません（印法2，印法別表第一－十七）。また，寄付者が作成する寄付申込書も，課税物件には該当しません。

Q6　現物寄付の取扱い

　少額・多量の教具（会計上は（教）消耗品費として処理）の現物寄付を受け，学園内で使用しました。消費税上，どのように扱われますか。

―*Answer* ―

　現物寄付は，反対給付を伴わない物品の譲り受けであり，消費税の対象外（不課税）となります。また，特定収入にも該当しないこととされています。一方で，寄贈を受けた物品を消費しても，課税資産の仕入れに該当しませんので，仕入控除税額の計算対象とはなりません。

〔他税目の扱いと留意点〕

法人税等…法人税法上，益金（現物寄付金）も損金（消耗品費）も認定されません。

Q7　学費軽減補助金の取扱い

学費軽減補助金は，消費税の計算上はどのように扱われますか。

―*Answer* ―

　一般に補助金は，「資産の譲渡等の対価」ではありませんから，消費税は不課税とされますが，仕入税額控除の特例計算の際の特定収入に該当する場合があります（消法60④，消施令75①，消基通16－2－1）。

　補助金のうち，所轄庁の通知や補助金交付要綱等において使途が課税仕入れに特定されているものと，使途が課税仕入れと課税仕入れ以外に共通のものあるいは特定されていないものが，仕入控除税額の特例計算の対象（特定収入）となります。（つまり，補助金のうち，使途が課税仕入れ以外に特定されているもののみ，特定収入にならないということです）

　ある補助金が特定収入に該当するか否かは，それに関する通知等が出

されている場合はまずそれに従うことになります。

　地方公共団体等から交付される学費軽減補助金は，私立学校教育に係る父母等の経済的負担を軽減するため，学校法人が一定額の学費を軽減した場合にその一定部分を補填するものとして学校法人へ交付されるものですが，通知で明確にされていない場合は，各地方公共団体等の交付要綱や交付決定通知，実績報告書などに従って判断することとなります。一般的には，授業料等の学費の使途は，課税仕入れ及び課税仕入れ以外のものの双方に充てられると考えるのが自然ですから，授業料等の代替的収入である学費軽減補助金についても，使途が課税仕入れと課税仕入れ以外のいずれにも特定されていない特定収入として取り扱われるものと考えられます。

　なお，高等教育（大学，高等専門学校等）の修学支援新制度による授業料等減免額は，所轄庁から学校に給付される補助金であり，上記の学費軽減補助金と同様，不課税収入（特定収入）となります。

　ちなみに，高等学校等就学支援金は，受給主体が学生・保護者であり，学校法人としては預り金収支として扱うものであるため，消費税の対象外となり，特定収入にも該当しません。

　また，幼児教育・保育の無償化にかかる所轄庁からの給付も，基本的に保護者に対して行われるものですので，法定代理受領の場合も含め学校の消費税の計算に影響しないものと考えられますが，会計処理等について所轄庁からの指示がある場合はそれにしたがって判断することになります。

〔他税目の扱いと留意点〕

法人税等…学校の正課の授業料に係る軽減補助金は，法人税法上の収益事業に該当しませんので，法人税等は非課税となります（参考：法施令5①三十）。

Q 8　特定金銭信託の扱い

　当学園では，資金の一部を特定金銭信託として運用することを計画していますが，これについて，消費税の扱いはどうなるのでしょうか。

Answer

　特定金銭信託とは，委託者（または投資顧問会社など委託者から運用指図につき委任を受けた者）が信託財産の運用方法を特定する金銭信託であり，運用方法としては，貸付金への運用や株式等有価証券の利息・売買運用などがあります。ここで，金銭信託とは，金銭の運用を信託し，信託終了時に金銭で返還される信託方法をいいます。

　一般に特定金銭信託といった場合は，委託者＝受益者であるものをいい，消費税の扱いとしては，信託財産の運用・譲渡等は受益者自身が行ったものとして取り扱われます（消法14①）。

　質問の特定金銭信託の場合も，信託財産の運用・譲渡等は受益者（当学園）が行ったものとして取り扱われますが，信託財産の運用の対象が金銭の貸付けや有価証券の売買等ですから，その果実を含め，不課税または非課税取引となります。

　ただし，学園が受託者に支払う信託報酬は課税仕入れに該当します。

　また，課税売上割合を計算する際の計算式上の分母の金額に，㈡信託財産を金銭の貸付けとして運用している場合は，その貸付けの利子収入があった時にその利子収入額が非課税売上高として含められ，また，㈡株式等の売買として運用している場合は，その譲渡があった時に，譲渡価額の５％相当額が非課税売上高として含められることになります。

　（参考）　課税売上割合＝$\dfrac{その事業年度の課税売上高}{（その事業年度の課税売上高＋非課税売上高）}$

〔他税目の扱いと留意点〕

法人税等…質問の特定金銭信託として運用した資金が法人税法上の収益事業にかかるものでないかぎり，法人税等は課税されません。したがって，信託報酬も損金とはなりません。

源泉所得税…学校法人名義の預金等にかかる利子は収益事業部門，非収益事業部門にかかわらず，源泉所得税は非課税とされます（所法11①，所法別表第一）。

Q 9　コマーシャルペーパーの購入

　当法人では，国内の企業が発行するコマーシャルペーパー（ＣＰ）の購入を予定していますが，これにかかる消費税の扱いはどうなるでしょうか。

Answer

　コマーシャルペーパー（ＣＰ）は約束手形の一種とされますが，経済的な実態は期間の短い社債であるといえます。消費税の扱い上は有価証券に該当し，取得，譲渡ともに非課税となります（消法別表第一－二，消施令9①，消基通6－2－1）。

　なお，その利息収入は，消費税法上の利子として，非課税となります。

　また，課税売上割合の計算式上は，ＣＰを譲渡した場合，非課税の有価証券の譲渡として，その譲渡価額×5％を分母のみに算入することとなりますし，利息収入は，消費税法上の利子（非課税売上）として，そのまま分母のみに算入することとなります。

$$（参考）　課税売上割合＝\frac{その事業年度の課税売上高}{（その事業年度の課税売上高＋非課税売上高）}$$

〔他税目の扱いと留意点〕

法人税等…質問のＣＰを購入した資金が法人税法上の収益事業にかかるものでないかぎり，法人税等は課税されません。

Q10　国外からのインターネット利用役務提供について

　平成27年10月以後の国外からの事業者向けインターネット等電気通信利用役務の提供についてはリバースチャージ方式が適用されていますが，具体的な計算はどのようになりますか。

Answer

リバースチャージを含む申告税額の計算例

　仕入税額の計算は個別対応方式，取引①は課税売上・非課税売上に共通対応課税仕入，②は課税売上対応課税仕入とする。

（注）1　税率はすべて10％とする。
　　　2　特定収入の調整計算は適用ないものとする。

	通常の国内取引	追加	国外からの役務提供
課税売上（税込） 非課税売上	55,000 75,000	←	+1,000　①　事業者向け電気通信利用役務提供額（税なし：リバースチャージ適用）

課税仕入（税込）：				
課税売上対応課税仕入（税込）	20,900	←	+1,100	② 登録事業者からの消費者向け電気通信利用役務提供額（税込）
非課税売上対応課税仕入（税込）	7,700			
共通対応課税仕入（税込）	3,300	←	+1,000	① 事業者向け電気通信利用役務提供額（税なし）：リバースチャージ適用

【計　算】

1 課税対象額（税抜）の計算

課税売上（税抜）	50,000	=55,000×100／110
リバースチャージ分	1,000	←（対価に消費税は含まれていない）
計	51,000	

2 課税対象額にかかる消費税額の計算　　3,978　＝51,000×7.8%

3 課税売上割合（リバースチャージ分は課税売上ではない）　40%　＝50,000／（50,000＋75,000）

4 仕入控除税額の計算

課税売上対応課税仕入の税額	1,560	＝（20,900＋1,100）×7.8／110
共通対応課税仕入の税額（通常分）	234	＝3,300×7.8／110
共通対応課税仕入の税額（リバースチャージ分）	78	＝1,000×7.8／100
計	312	
×課税売上割合	124	＝312×40%
仕入控除税額の合計	1,684	＝1,560＋124

5 納付すべき消費税額　　2,294　＝3,978－1,684

6 納付すべき地方消費税額　　647　＝2,294×22／78

7 納付すべき税額合計　　2,941

Q 11　外貨の両替えによる換算損

　職員の海外出張費用の残金（外貨）を日本円に両替えし，若干の為替換算損となりましたが，消費税の計算上はどう扱われますか。

Answer

　外貨を日本円に両替えする行為は，消費税の計算上は支払手段の譲渡として非課税取引とされます。したがって，その結果の損益は非課税の扱いとなります（消法別表第一－二，消基通6－2－3）。なお，これら支払手段の譲渡は，課税売上割合の計算式上，分子に含まれないことは当然ですが，分母にも含めないこととされていますので，注意が必要です（消施令48②）。

　（参考）　課税売上割合＝$\dfrac{その事業年度の課税売上高}{（その事業年度の課税売上高＋非課税売上高）}$

　ちなみに，期中に取得した外貨を年度末のレートに換算する場合の差損益は資産の譲渡等とならず，消費税は不課税となります。

〔他税目の扱いと留意点〕

法人税等…発生した為替換算差損益が法人税法上の収益事業にかかるものでないかぎり，法人税等は課税されず，また，損金にもなりません。

Q 12　教員免許更新講習の受講料

　当学園は教員免許状更新講習の実施機関として受講料収入を得ていますが，消費税は課税されるのでしょうか。

Answer

　国，地方公共団体および指定法人等が法令に基づいて行う特定の役務の提供は非課税とされます（消法6，別表第一－五）。学校法人が実施機関として行う教員免許状更新講習はこれに該当するものとして扱われ，非課税となります（国税庁文書回答「教員免許更新のための講習に係る受講料の消費税法上の取扱いについて」）。

〔他税目の扱いと留意点〕

法人税等…教員免許状更新講習は，法人税法の収益事業には該当しません（参考：法施令5①三十）。

Q 13　科学研究費補助金にかかる間接経費の扱い

　科学研究費補助金の間接経費について，消費税の扱いはどのようになるでしょうか。

Answer

　科学研究費補助金の間接経費は，研究代表者等から学校法人に交付さ

れ，学校法人では雑収入等として経理処理されますが，対価性があるものとはいえませんから，消費税は不課税となります（消法2①ハ）。また，使途が法令や交付要綱等で特定されていませんから，仕入控除税額の計算上，使途が特定されていない特定収入に該当します（消法60④）。

なお，間接経費からの支出は，学校の一般の支出と同様に扱われます。

〔他税目の扱いと留意点〕

法人税等…科学研究費補助金の間接経費は，その交付の目的からみて，法人税法の収益事業には該当しません（参考：法施令5①）。

Q 14　非課税となる土地の貸付けの範囲

非課税となる土地の貸付けとは，どのような範囲のものをいうのですか。また，非課税となるのは，地代だけですか。

Answer

非課税となる「土地の貸付け」とは，土地に係る権利（地上権や借地権など）の設定のほか，他人に土地を使用させる一切の行為をいい，転貸の場合も含まれます（消法2②）。

また，非課税となる貸付けの対価には，地代のほか，保証金や礼金，更新料等も含まれます。（保証金や礼金，更新料等は，土地の貸付けではなく，土地に係る権利の譲渡に該当する場合もありますが，その場合には，土地の譲渡の対価として非課税となります）

なお，期間が1か月未満の土地の貸付けのように土地を一時的に使用

させる場合や，駐車場その他の施設が設置された土地が貸付けられる場合のような，その貸付け全体が土地の貸付けではなくその施設の貸付けとして扱われる場合は，非課税にはなりません（消法別表第一一一，消施令8）。

> （注）1　土地の貸付けの期間が1か月に満たないかどうかは，契約により定められた貸付期間によって判断されます（消基通6−1−4）。
> 　　　2　駐車場または駐輪場として貸付けられた場合であっても，駐車・駐輪している車両等を管理しておらず，駐車場または駐輪場としての地面の整備やフェンス，区画，建物の設置もない状況であれば，土地の貸付けとして扱われます（消基通6−1−5（注1））。ただし，この判定はなかなか微妙ですから，実態をよく把握し，総合的に判断することが必要です。

　また，建物その他の施設の利用に伴って土地が使用される場合は，土地の貸付けとしては扱われません。かりに賃料が建物等施設の分と土地の分とに区分されていても，その全額が建物等施設の賃貸料として扱われます（消基通6−1−5本文，同（注2））。

〔他税目の扱いと留意点〕

法人税等…土地の貸付けは，特別なものを除き，法人税法上の不動産貸付業として収益事業に該当します（法法2十三，法施令5①五）。

印紙税…土地の賃貸借契約書は印紙税の課税文書となりますが，施設としての駐車場の賃貸借契約書は課税非該当文書です。また，建物の賃貸借契約書は課税非該当文書ですが，その敷地についての賃貸借契約を締結したことが明確である場合は，課税文書となります（印法別表第一一一）。

Q15　週末の土地の貸付け

　当学校法人は，隣接する公共施設から，週末の土・日曜日のみ当法人の校地の一部（更地のままで，管理人もなく，駐車場としての施設整備は行っていません）を来場者の駐車場として使用したいとの要望を受け，その条件で1年間の貸付け契約をしました。

　土地の貸付け期間が1か月を超える場合は，その地代は消費税が非課税と聞きましたが，この場合も非課税として扱っていいでしょうか。

Answer

　土地の譲渡及び貸付けは非課税とされていますが，土地の貸付け期間が1か月に満たない場合や駐車場その他の施設の利用に伴って土地が使用される場合は課税売上となります。

　質問の場合，更地のまま貸付けていますので，まず，消費税法上の土地の貸付けに該当します（消基通6-1-5（注1））。

　ただし，上記の「貸付け期間」とは，土地を継続的に一定の期間貸付ける場合を想定しており，質問のような貸付け契約は1年を契約期間とする貸付け契約には該当せず，週2日の貸付け契約をまとめて行ったものとして扱われます。したがって，貸付期間が1か月に満たない土地の貸付けに該当し，その賃貸料は課税売上となります。

〔他税目の扱いと留意点〕

法人税等…法人税法上は，更地であっても駐車場として使用する目的で貸付けた場合は駐車場業に該当し，すべて収益事業として課税対象になります（法施令5①三十一，法基通15-1-68）。

印紙税…質問の契約は土地の賃貸借として，その契約書は，その期間にかか

わらず印紙税の課税文書となります（印法別表第一－一）。

Q 16 駐車場の貸付けは非課税か

月極め駐車場の貸付け料金は，非課税の土地の貸付けとして扱ってい
いでしょうか。

Answer

　月決め駐車場が単なる土地の貸付けであれば非課税ですが，土地に駐
車場施設としての地面の整備，フェンス，区画，建物の設置等をしてい
る場合や，更地に駐車させている場合であっても，管理人を置くなど駐
車車両を管理しているような場合は，駐車場としての施設の貸付けまた
はサービスの提供に該当し，非課税の土地の貸付けには含まれず，課税
売上となります（消施令8，消基通6－1－5（注1））。

　ただし，駐車場としての施設の貸付けか，あるいは単なる土地の貸付
けかの判定はなかなか微妙ですから，実態をよく把握し，総合的に判断
することが必要です。

〔他税目の扱いと留意点〕

法人税等…駐車場の貸付けは，単なる土地の貸付けを含め，すべて法人税法
　　　　　上の駐車場業として収益事業に該当します（法法2十三，法施令5
　　　　　①三十一，法基通15－1－68）。

印紙税…土地の賃貸借契約書は，印紙税の課税文書となりますが，施設とし
　　　　　ての駐車場の賃貸借契約書は課税非該当文書です（印法別表第一－一）。

Q17　電柱設置料ほか

　当法人の土地の一部に電柱が設置されており，毎年僅少額ですが土地使用料を徴収しています。これは土地の貸付けに該当し非課税とされるでしょうか。また，一方で，街の電柱に当法人の広告物を設置していますが，この場合の電柱使用料は，課税仕入れとはならないのでしょうか。

Answer

　電柱等を設置させた場合の土地使用料は，道路や土地の使用の対価であり，いわば電柱の敷地の地代ですから，その契約期間が1か月未満等の短期でないかぎり，非課税売上となります（消法別表第一一）。

　また，広告等を設置するために電柱を使用する場合の「電柱使用料」は，電柱（施設）の一部の貸付け対価であり，土地の貸付けには該当しませんから，支払者においては，課税仕入れになります。

〔他税目の扱いと留意点〕

法人税等…土地の貸付けは，特別なものを除き，法人税法上の不動産貸付業として収益事業に該当します（法法2十三，法施令5①五）。

印紙税…土地に電柱を敷設させる契約書は，土地の賃貸借契約書として印紙税の課税文書となります。広告等を取り付けるために電柱を使用する場合の契約書は，施設としての電柱の賃貸借契約書として課税非該当文書です（印法別表第一一一）。

Q 18　非課税となる住宅の貸付けの範囲

　住宅の貸付けは消費税が非課税となると聞きましたが，具体的な非課税の範囲を教えてください。

Answer

　非課税となる住宅とは，人の居住用の家屋の貸付け，および家屋のうち人の居住の用に供する部分の貸付けをいいます（消法別表第一－十三）。

　したがって，一戸建住宅，マンション等の貸付けのほか，貸間等，建物の一部の貸付けでも，それが居住用として貸付けられている限り，すべて住宅の貸付けに該当することとなります（消法別表第一－十三）。

　（従来は，居住用であることが契約に明示されている場合のみ非課税とされていましたが，令和2年4月1日以後の住宅の貸付け対価については居住用であることが明らかであれば契約に明示がないものも非課税とされています。）

　ただし，期間が1か月未満の貸付けや旅館業法に規定する旅館業に係る施設（旅館，ホテル等）としての貸付けである場合には非課税とはなりません（消施令16の2，消基通6－13－4）。

　したがって，旅館，ホテル等のように，食事や寝具を提供して宿泊させる場合は旅館業となり，仮に宿泊期間が1か月以上となる場合であっても課税されることになります（消基通6－13－4）。

　一方で，学校に関係するものとして学生寮や下宿がありますが，これらは上記の旅館業には該当しないこととされており，1か月以上の貸付け契約である限り，非課税となります（消基通6－13－4，参考：法基通15－1－41）。

　また，家賃の範囲については，月極め等の家賃のほか，敷金，保証金，一時金等のうち返還しない部分を含みます。さらに，共同住宅における

共用部分に係る費用（エレベーターの運行費用，廊下等の光熱費，集会所の維持費等）を入居者が応分に負担する，いわゆる共益費も家賃に含まれます。学生寮や下宿において，まかないなどのサービスを伴う場合は，まかないなどのサービス部分と部屋代部分とを合理的に按分し，まかない部分は課税となり，部屋代部分のみが非課税とされます（消基通6−13−6）。

〔他税目の扱いと留意点〕

法人税等…法人税法上は，住宅の貸付け（国等に直接貸付けられるものを除く），旅館業ともに収益事業業種に該当し，課税対象となりますが，在学生のみを対象とする学生寮・寄宿舎は旅館業に該当しないこととされ，非課税となります（法施令5①五，同5①十五，法基通15−1−41）。

印紙税…建物の賃貸借契約書や，学生寮等の入寮契約書は，印紙税の課税文書には該当しません。

Q 19　借上げ住宅の課否

　学校法人が家主からの賃借人となり，教職員の住宅として転貸する場合，学校法人が家主に支払う賃料も住宅の貸付けとして非課税となりますか。

— *Answer* —

住宅用の建物を賃貸借する場合，借主が自ら居住用としない場合でも，

その賃貸借契約書において住宅として転貸することが明示されているものについては，その賃貸借は住宅の貸付けに該当するものとして扱われます（消基通6−13−7）。また，この場合，賃借人が実際の居住者に転貸する契約も住宅の貸付けに該当します（消基通6−13−7（注））。

　したがって，質問のように学校法人が教職員の居住に使用することが明らかな建物を家主から一旦借りる，いわゆる借上げ契約の場合，学校法人が家主に支払う賃借料および学校法人が入居する教職員から徴収する賃貸料ともに非課税となります。

〔他税目の扱いと留意点〕

法人税等…住宅の貸付けは，国等に直接貸付けられるものを除き，法人税法上の不動産貸付業として収益事業に該当します（法法2十三，法施令5①五）。

印紙税…建物の賃貸借契約書は，印紙税の課税文書には該当しません。

源泉所得税…役員や教職員に住宅や寮を貸付ける場合の賃料について，特定の算式による金額に満たない部分があるときは，経済的利益として給与課税の対象とされます（所基通36−41ほか）。

Q20　駐車場付き住宅の貸付け

　教職員に駐車場付き一戸建て住宅の貸付けを行っていますが，家賃は区分していません。この場合，家賃の全額を住宅の貸付け代として扱っていいですか。

Answer

　駐車場は，それ自体が賃貸借の目的となる施設と考えられますから，一般には住宅の貸付けには含まれず，別途，課否の判断を行うこととなりますが，一戸建て住宅に付随する駐車場やマンション等集合住宅の駐車場で，入居者について1戸当たり1台分以上の駐車スペースが確保されており，かつ，自動車の保有の有無にかかわらず割り当てられているような場合は，その駐車場部分を含めた全体が住宅の貸付けに該当するものとして扱われます。ただし，契約書上で駐車場料金と家賃とを区分している場合は，駐車場料金部分は単なる土地の貸付である場合を除き，消費税の課税対象となります（消基通6－13－3）。

　質問のケースでは，全額が住宅の家賃に該当し，非課税になると思われます。

〔他税目の扱いと留意点〕

法人税等…住宅の貸付けは，国等に直接貸付けられるものを除き，法人税法上の不動産貸付業として収益事業に該当します（法法2十三，法施令5①五）。

印紙税…建物の賃貸借契約書は課税文書に該当しませんが，駐車場の貸付契約が区分されており，その駐車場が更地の単なる駐車スペースであるような場合は，土地の賃貸借契約書として課税文書に該当することがあります（印法別表第一－一）。

Q21 土地収用法に基づく対価補償金の扱い

土地収用法に基づいて土地，建物等を収用した場合に支払う「対価補償金」，「収益補償金」，「経費補償金」，「移転補償金」はすべて資産の譲渡対価として課税仕入れに含めていいでしょうか。

Answer

学校法人が教育や学術研究のための施設を建設する等のために土地の譲渡を受ける場合，土地収用法が適用されることがあります。土地収用法の認定を受けて土地，建物等を収用する場合に支払う補償金のうち，消費税上の資産の譲渡等の対価とされるのは，収用の目的となった土地，建物等の所有権等の権利の対価として支払う対価補償金であり（消施令2②），収用の目的となった資産を取壊した場合の保証金や，その収用のために収益が減少し，または損失が発生することに対する補てんとしての収益補償金，その収用のための休廃業等により生ずる事業上の費用の補てんとしての経費補償金および事業用資産の移転に要する費用の補てんとしての移転補償金などは，対価性のない補償金として扱われ，課税仕入れとはなりません（消基通5-2-10）。

また，対価補償金のうち，建物等に係る部分は課税仕入れとなりますが，土地に係る部分は土地の取得代価ですから課税仕入れとはなりません。

〔他税目の扱いと留意点〕

印紙税…不動産の譲渡契約書は課税文書に該当します（印法別表第一-一）。

Q22　車両の下取り代金

当学園では，スクールバスの旧車両を下取りに出し，新車を購入しました。新車の代金明細書によれば，車両下取り代550,000円が新車の代金から控除されていますが，消費税の扱いはどのようになるでしょうか。

Answer

使用しなくなった車両の下取り代も，資産の譲渡として扱われます（消基通10-1-17）。したがって，下取り代金550,000円は，課税売上となります。一方，新車の取得による課税仕入額はこの550,000円を差引く前の額となります。

〔他税目の扱いと留意点〕

法人税等…スクールバス事業が法人税法上の収益事業に該当する場合は，法人税法上も，下取り代金は車両売却収入として課税対象とされ，一方で同額が新車の取得価額に上乗せされる扱いとなります。

Q 23　補助活動事業の収支

　売店，食堂等の補助活動事業の収支については，資金収支元帳の補助活動収支勘定（一勘定）で貸借に記入を行い，資金収支計算書でも純額で表示していますが，消費税の計算でもその純額を課税売上又は課税仕入として取り扱ってよいでしょうか。

Answer

　消費税は純額表示，総額表示という計算書類上の表示方法とは関係なく，実際の（総額の）収入額および支出額が資産の譲渡等の対価として扱われます。

　したがって，消費税の計算上は，補助活動事業の収支についても収支相殺前の収入を課税売上高，支出を課税仕入高等として把握しなければなりません（参考：消基通10−1−1）。

〔他税目の扱いと留意点〕

法人税等…その補助活動事業が法人税法上の収益事業に該当する場合には，その収支を両建てして収益事業の損益計算書に計上・表示しなければなりません。

Q 24　コピー機の使用料

　教職員や学生が，学園の業務外でコピー機を使用した場合に，１枚につき５円を徴収しています。この金額は，当該コピー機のリース料やパフォーマンス料にも満たない額ですが，課税収入となるのでしょうか。

---*Answer*---

　消費税は，資産の譲渡や用役提供がコスト割れであるか否かに関係なく，それが代価を徴収するものであればその代価が課税の対象となりますので，質問の場合も課税収入に含まれることになります（消基通10－1－1）。

〔他税目の扱いと留意点〕

　法人税等…質問のコピー機使用料は，教育活動に付随し，かつ，収益獲得を目的としていませんから，法人税法上の収益事業には該当しないものと考えられます。

Q 25　認可外保育施設の利用料

　当学園の幼稚園では，一部で３歳未満児を受け入れています。保育所の設置についての都道府県知事の認可は受けていませんが，認可外保育施設の届出を行っています。
　この保育事業について，消費税の取扱いはどのようになるでしょうか。

　都道府県知事の認可を受けていない保育事業（以下「認可外保育施設」
という）にかかる収入は，一般には消費税の非課税収入には該当せず，
課税収入となります。ただし，都道府県知事から立入り調査を受け，一
定の基準（認可外保育施設指導監督基準）を満たすものとしての証明書を
交付された施設の保育料等については，認可保育所の保育料と同様，非
課税とされます（消法別表第一-七 八，消施令14の3一）。質問のケースも，
この証明書の交付を受けることにより，その保育料等を非課税とするこ
とができます。

　この非課税の扱いは，乳幼児を保育する業務による収入に限られ，具
体的には，次のようなものがこれに該当することとされています。

　⑴　保育料（延長保育，一時保育，病後児保育に係るものを含む）
　⑵　保育を受けるために必要な予約料，年会費，入園料（入会金・登録
　　料），送迎料

　また，給食費，おやつ代，施設に備え付ける教材を購入するために徴
収する教材費，傷害・賠償保険料の負担金，施設費（暖房費，光熱水費）
等のように通常保育料として徴収される収入金については，これらが保
育料とは別の名目で徴収される場合であっても，保育に必要不可欠なも
のである限り，⑴，⑵と同様に非課税となります。

　一方，たとえば，施設利用者に対して購入が任意な教材等を販売する
場合の販売代金や，次のような収入金は，乳児または幼児を保育する業
務として行われる収入に該当しないものであり，課税売上となります。

　⑴　施設利用者がその選択により（任意に）追加的にサービスを受け
　　るものとしてのクリーニング代，オムツサービス代，スイミングス
　　クール等の習い事の講習料等
　⑵　バザー収入
　（参考）　国税庁照会・回答「認可外保育施設の利用料」

　なお，幼児教育・保育の無償化にかかる所轄庁からの給付は，子ども・子育て支援新制度に移行した場合を除き，基本的に保護者に対して行われるものですので，法定代理受領の場合も含め学校の消費税の計算に影響しないものと考えられますが，会計処理等について所轄庁からの指示がある場合はそれにしたがって判断することになります。

〔他税目の扱いと留意点〕

法人税等…認可外保育の保育料等は，技芸教授業や，その他法人税法上の収益事業業種には該当しません。ただし，購入が任意な教材代や，追加的なサービス代等のうち，法人税法上の物品販売業等に該当するものは，法人税等の課税対象とされます（法法２十三，法施令５①）。

Q 26　子ども・子育て支援新制度の扱い

　当学園の幼稚園は，子ども・子育て支援新制度の施設型給付へ移行しました。移行後の次のような収入について，消費税はどのように扱われるのでしょうか。

(1)　入園受入準備費
(2)　所轄の市から受ける施設型給付費
(3)　基本保育料（保護者が負担する基本負担額）
(4)　特定保育料（保護者が負担する上乗せ負担額）
(5)　給食費
(6)　スクールバス代

─ *Answer* ─

　子ども・子育て支援新制度の施設型給付へ移行した場合の税制上の扱いについては，「子ども・子育て支援新制度に係る税制上の取扱いについて」（通知）（平成26年11月18日府政共生1093・26初幼教19・雇児保発1118－1）が発出されています。

　この通知の5によれば，

・施設型給付費に係る事業として行われる資産の譲渡等

・教育・保育の質の向上のために特に必要な対価（特定保育料）

・子ども・子育て支援新制度の確認を受けた幼稚園の給食費（3才未満児に対するものを除く），通園の便宜費用（スクールバス），教育・保育に要する教材代，学用品代，行事参加費等（「特定教育・保育施設及び特定地域型保育事業の運営に関する基準」平成26年内閣府令39）

については消費税を非課税としています。

　質問の(2)は，所轄庁から給付される補助金ですから資産の譲渡等に該当せず，不課税収入（使途が特定されない特定収入）となると考えられます。これを除く(1)から(6)の各収入はいずれも非課税の収入となります。

　なお，施設型給付の場合，幼児教育・保育の無償化にかかる所轄庁からの給付は，施設型給付費の増額であり，補助金として不課税収入（使途が特定されない特定収入）となると考えられますが，会計処理等について所轄庁からの指示がある場合はそれにしたがって判断することになります。

〔他税目の扱いと留意点〕

法人税等…子ども・子育て支援新制度における幼稚園の収支について法人税の新たな扱いはありません。具体的には，質問の(1)から(4)までの各収入は収益事業に該当しません。また，(5)，(6)，その他附随的な収入については法人税関係個別通達「幼稚園が行う各種事業の

収益事業の判定について」（昭和58直法2－7）等により判断することとなります。

Q 27　預り金について

　林間学校，臨海学校の費用を生徒から徴収し，預り金処理をしています。また，この費用から引率教員の手当を支出しています。この徴収金は消費税の課税対象となりますか。

Answer

　預り金収入を受け入れ，また，そこから林間学校等の費用のほかに引率教員の手当を支出していても，預り金処理をしている限り，学校法人の事業としては取り扱われません。したがって，消費税の対象外となります。

〔他税目の扱いと留意点〕

法人税等…預り金処理をしているかぎり，法人税法上も学校法人の事業としては取り扱われません。

源泉所得税…引率教員の手当の支給は，学校が支給するものを預り金に負担させるものですから，学校がその教員に支給する給与に加算して所得税の源泉徴収を行うこととなります。

Q 28　学　校　債

当学園では，学生の新入学時などに無利息の学校債を募集しています
が，消費税の課税上何か問題があるでしょうか。なお，返済は，その学
生の卒業時です。

Answer

学校債は，学校が行う学生の父母からの金銭の借り受けですから，学
校債の応募は消費税法上は金銭の貸付けに該当し，課税の対象外となり
ます。また，その利子については非課税となりますが，質問の場合のよ
うに無利子である場合には，非課税収入も発生しないことになります。

〔他税目の扱いと留意点〕

印紙税…学校債券は，印紙税の課税文書には該当しないこととされています
　　　　（印基通別表第１－第１号の３文書９）。

Q 29　旅費・通勤手当

課税仕入れと認められる要件である，旅費および通勤手当における
「通常必要と認められる支出」とは具体的にはどういうことでしょうか。

Answer

消費税で課税仕入れとして認められる要件である，旅費の「通常必要

と認められる支出」とは，その旅行の目的，目的地，行路もしくは期間
の長短，宿泊の要否，旅行者の職務内容および地位等からみて，その旅
行に通常必要とされる費用の支出に充てられるものと認められる範囲の
金品をいうものとされています（消基通11－2－1，所基通9－3）。また，
通勤手当の「通常必要と認められる支出」とは，その者が現に通勤のた
めに負担することとなる運賃等の額をいうものとされ，源泉所得税の非
課税の範囲に限りません（参考：消基通11－2－2）。

　通常の，旅費規程等に基づいて支給するものは，日当を含め，金額が
合理的に設定されているかぎり，課税支出と考えて差し支えありません。

〔他税目の扱いと留意点〕

源泉所得税…旅費の支給は，その旅行に必要なものとして合理的な金額で
　　　　　あれば，給与等源泉所得税の対象にはなりません（所法9①四，
　　　　　所基通9－3）。また，通勤手当の支給は，その通勤に必要なも
　　　　　のとして合理的な金額で，かつ，税法に定める一定の限度額以
　　　　　内であれば給与等源泉所得税の対象にはなりません（所法9①
　　　　　五，所令20の2）。

Q 30　弁護士に支払う実費旅費等の課税

　弁護士に依頼した業務の報酬の請求金額に，実費請求額としての宿泊
費および交通費（いずれも国内）が含まれています。これらの宿泊費や交
通費は，課税仕入れとして問題ないのでしょうか。

─ *Answer* ─

　弁護士や司法書士等の業務に対する報酬・料金は，それらの者がその業務の遂行に関して依頼者から支払を受ける金額をすべて含むものと解されています（消基通10−1−1）。

　質問のような実費請求額としての宿泊費や交通費についても，依頼者（学校）が直接宿泊先や交通機関等に支払わずに弁護士に支払うものは，その弁護士の報酬・料金に含まれるものとして扱われますので，課税仕入れとなります。ちなみに，依頼者（学校）が直接宿泊先や交通機関等に支払うこととした場合には，学校が支出する交通費等として，課税仕入れとなります。

　ただし，弁護士等から，本来は依頼者自身が納付すべきものとされている登録免許税や国等の手数料等として請求された実費金額については，その弁護士等（請求者）が請求明細書等でそれを明らかに区分している場合は，その部分は非課税となり，依頼者側では，課税仕入れとはなりませんから注意が必要です（消基通10−1−4（注））。

〔他税目の扱いと留意点〕

源泉所得税…弁護士等の業務の遂行に要する旅費等は，依頼者が直接，宿泊先や交通機関等へ支払う場合で，かつ，その業務に通常必要な範囲内のものは，源泉徴収の対象外とすることができますが，弁護士等に支払う場合は，たとえ通常必要な範囲内のものであっても，その額を含めて弁護士報酬として源泉徴収しなければなりません（所基通204−2，同204−4）。

Q31　免税事業者からの仕入れ

　免税事業者からの仕入額には消費税額は含まれていないと思いますが，この場合にも購入者側が課税仕入高に係る消費税額を算出し控除するとなると，納税されない金額（免税事業者からみれば消費税でないもの）を控除することとなりますがいいのでしょうか。

Answer

　仕入れ業者が免税事業者であっても，学校法人（購入者）の側では，支払額に消費税が含まれるものとして仕入税額の控除ができます（消法2①十二，消基通11-1-3）。

Q32　ジーゼル車の軽油引取税

　スクールバスとしてジーゼル車を使用していますが，その燃料費は全額を課税仕入れとして扱っていいでしょうか。

Answer

　ジーゼル車の燃料である軽油の購入代金を軽油の元売業者に支払う場合には軽油引取税が含まれており，これに対しては消費税は課税されていません。この場合には，支払明細書に軽油引取税の額が記載されていますので，購入者としては，購入価額からこの軽油引取税を差し引いた額を課税仕入れ額（税込み）としなければなりません（消費税10-1-11）。

123

Q 33 諸会費，研修会費の課否

学校法人が加盟している種々の団体に納付する年会費や，研修会の参加費については，消費税は含まれているのでしょうか。

Answer

諸団体の会費，組合費や研修会費等のうち，研修の受講料・教材費や出版物の購読料のように，その支払いと役務の提供との間に明白な対応関係があるものは課税仕入れとなります（消基通5－5－3（注2））。

この判定が困難なものについては，会費等を受ける団体や組合と，会費等を支払う者の双方が継続して不課税として処理していれば，その扱いが認められます（消基通5－5－3）。この扱いによる場合，会費等を受ける団体や組合は，その構成員（会費等を支払う者）にその旨の通知をすることになっています（消基通5－5－3（注3））。

実務的には，課否の判定が困難なものについては，まず，その団体や組合から上記通知が送付されていればそれに従うことになりますし，その送付がない場合は照会等をして確認することが妥当と考えられますが，一般に，その団体の通常の業務運営のための費用を構成員に分担させる，いわゆる通常会費については対価性がないもの（不課税）として扱って差支えありません（消基通5－5－3（注1））。

Q34　外部関係者や教職員への慶弔・見舞金品の扱い

外部関係者や教職員に対して，慶弔時や見舞いの際に贈る次のような金品は，消費税法上どのように扱われますか。

(1)　慶弔金

(2)　生花

(3)　見舞品

Answer

　(1)は，資産の譲渡等の対価として支払われる金銭ではありませんから，消費税は課税対象外であり，仕入税額控除の対象となりません。(2)および(3)は，その購入物品が課税仕入れに該当するものであれば仕入税額控除の対象になります。したがって，生花等の物品は仕入税額控除の対象になりますが，プリペイドカードや商品券を贈った場合は仕入税額控除の対象になりません（参考：消基通11−2−17，同11−3−7）。

〔他税目の扱いと留意点〕

源泉所得税…部外者や教職員への香典や見舞金等は，その人の社会的地位や学校との関係からみて，社会通念上妥当なものであれば，受領者に所得課税はされません。また，教職員への祝い金品等も，その人の地位等からみて，社会通念上妥当なものであれば，受領者の給与課税はされません（所基通9−23，同28−5）。

Q 35　図書購入額と消費税

　当法人では，定価1,000円の図書を購入し100円の値引きがあった場合，値引き額100円を雑収入として処理していますが，消費税額（税額控除できる金額）はどのように計算するのでしょうか。

Answer

　消費税は，あくまでも資産の譲渡等の対価として支払われる額について課税されますから，実際に支払う金額（値引き後の金額）が課税仕入れ額となります（消法28①，消基通10−1−1）。質問の場合には，課税仕入れ額は（1,000円−100円＝）900円となります。

Q 36　図書カードの課税関係

　印刷業者に当学校法人名の入ったデザインの図書カード（券面3,000円）の作成を依頼し，カード代を含む作成費用（＠3,300×500枚＝1,650,000円）を支払いました。この図書カードは，広報用として，学校の外部関係者に配布する予定です。この経費は課税仕入れに該当するでしょうか。

Answer

　質問の支払額は，作成費用の全額が物品切手等の譲渡として扱われ，非課税となり，仕入税額控除の対象とはなりません。

　ただし，印刷業者が図書カード代3,000円と印刷代300円とを請求書上で明確に区分して請求しているような場合には，図書カード代3,000円部分を非課税とし，印刷代300円部分は課税仕入れとして取り扱うこととなります。

Q 37　輸　入　図　書

外国から輸入した図書には消費税はかかりますか。

Answer

　輸入品には保税地域から引き取るときに消費税が課税されていますので，課税仕入れとなりますが，課税価格が国内で通常購入する場合と異なることがあり，また少額の輸入は免税となるものもあります（消法28④，関税定率法14十八ほか）。

〔他税目の扱いと留意点〕

関　税…輸入物品（輸入貨物）の引取り時には，一般に消費税とともに，関税が課されます。課税価格は，通常の購入であれば，代価に運賃等を含めて算定されますが，無償等の場合は，同種・同類の貨物の価格によることとされます（関税定率法4①，同4の2①ほか）。

Q 38　駐車場の料金

　当学園では，教職員および来客の車両を駐車させるために，近隣の月極め駐車場を借りています。この駐車場は，周囲が塀で囲まれ，舗装・区画されています。これにかかる賃借料は，課税仕入れとなるのでしょうか。

Answer

　土地を1か月以上の単位で借りた場合の地代は非課税とされますが，質問のように，フェンス，区画，舗装等をされた駐車場は，土地として借りるのではなく，そのような施設を借りるものと考えられ，消費税の課税取引となります。ちなみに，土地の賃借に該当する場合でも，借用期間が1か月未満であるような場合には課税取引となります（消施令8，消基通6－1－5）。

〔他税目の扱いと留意点〕

　印紙税…質問のような施設としての駐車場の賃貸借契約書は，印紙税は課税
　　　　　非該当文書ですが，駐車場としての施設のない更地を賃借して駐車
　　　　　場として使用するような場合は，土地の賃貸借契約書となり，課税
　　　　　文書となります（印法別表第一－一）。

Q 39　リース取引の課税関係

　当法人では，事務機器および教育機器の一部をリースによっています。リース契約について，消費税の扱いはどのようになるのでしょうか。

Answer

　リース取引について，それが資産の売買であるのか，資産の貸借であるのかについての消費税の扱いは，所得税又は法人税の取扱いに倣うこととされています（消基通5－1－9）。税法では，いわゆるファイナンス・リース取引のみをリース取引として定義し，その取扱いを定めていますが，ここでは，会計処理との関係を明らかにするため，それ以外のリース取引（オペレーティング・リース取引）についても示すこととします。

　ファイナンス・リース取引の範囲は，土地の賃貸借やセール・アンド・リースバック取引などの特殊なものを除き，学校法人会計基準によるものと同じです。

　平成20年の税法改正により，平成20年3月31日以前に締結した契約に係るリース取引か，平成20年4月1日以後に締結する契約に係るリース取引かにより，消費税については以下のとおり取扱いが異なります。

1　平成20年4月1日以後に締結する契約に係るリース取引

　リース取引の内容に従い，次のとおりとなります。

リース取引の区分		消費税の扱い	課税価額等（税込）
ファイナンス・リース取引（税法上のリース取引）	所有権移転	リース開始時（リース資産の引渡時）に資産の売買があったものとされる（所法67の2①，法法64	リース開始時にリース料総額が課税仕入れとなる。ただし，リース物件の取得価額（付随費用を含む）と金利・保険料とを契約において各別に明示
	所有権移転		

129

| | | の2①）。
（セール＆リースバック取引等については例外規定あり） | している場合には，その金利および保険料部分は非課税となる。 |
| 外（注） | | | |

| オペレーティング・リース取引 | 賃貸借となる。 | リース料の各支払期日に，資産の賃借料として課税仕入れとなる。 |

（注）　所有権移転ファイナンス・リース取引も，所有権移転外ファイナンス・リース取引も，おおむね同様の扱いとなります。

2　平成20年３月31日以前に締結した契約に係るリース取引

リース取引の区分		消費税の扱い	課税価額等（税込）
ファイナンス・リース取引（税法上のリース取引）	所有権移転	リース開始時（リース資産の引渡時）に資産の売買があったものとされる。 （セール＆リースバック取引等については例外規定あり）	リース開始時にリース料総額が課税仕入れとなる。ただし，リース物件の取得価額（付随費用を含む）と金利・保険料とを契約において各別に明示している場合には，その金利及び保険料部分は非課税となる。
	所有権移転外	賃貸借となる。	リース料の各支払期日に，資産の賃借料として課税仕入れとなる。ただし，リース物件の取得価額（付随費用を含む）相当部分と金利・保険料とを契約において明示している場合には，リース料のうち金利及び保険料部分は非課税となる。
オペレーティング・リース取引		賃貸借となる。	リース料の各支払期日に，資産の賃借料として課税仕入れとなる。

　学校法人会計では，少額の所有権移転外ファイナンス・リース取引等は賃貸借処理することが認められており，この点で税法の処理と乖離が

ありますが，これについては，リース取引に関する経理実務の簡便性を考慮して，賃借人が賃貸借処理をしている場合には，消費税の扱い上も，それにしたがって仕入税額控除を行っても差し支えないこととされています（国税庁照会・回答：「所有権移転外ファイナンス・リース取引について賃借人が賃貸借処理した場合の取扱い」）。

　なおこの場合の各リース料支払い時の仕入税額の計算は，リース開始時（リース資産の引渡時）の消費税率によることとなります。

〔他税目の扱いと留意点〕

法人税等…ファイナンス・リースの物件が法人税法上の収益事業に使用される場合は，リース開始時（リース資産の引渡時）に資産の売買があったものとされるとともに，それが所有権移転外ファイナンス・リース取引である場合は，その減価償却限度額は，リース期間定額法によることとなります（法法64の2①，法施令48の2①六ほか）。

印紙税…リース契約書は，特殊なものを除き，印紙税の課税文書には該当しません。

Q 40 教職員等の海外出張旅費等

　教職員や理事が業務で海外出張をする場合，航空券の購入や海外での交通移動，宿泊等の手配を学校法人自身が行う場合と旅行業者の海外パック旅行を利用する場合とでは，消費税の取扱いに違いがあるのでしょうか。

Answer

　消費税では，その取引の国内・国外判定にあたっては，原則として，その対象が資産の譲渡または貸付けである場合はその資産の所在場所により，その対象がサービスである場合はそのサービスが行われた場所で判定します（消法4③）。

① 　購入・手配を学校法人自身が行う場合…成田空港等の国際空港に到着するまでの交通費は，国内輸送ですから，国内取引として課税仕入れに該当します。国内→国外や国外→国内への国際輸送は，国外取引として不課税取引となり，課税仕入れには該当しません。また海外での移動に伴う交通費，ホテルでの宿泊費用等も，サービスの提供場所が国外ですから，国外取引として不課税取引に該当し，課税仕入れにはなりません。

② 　旅行業者の海外パック旅行を利用する場合…旅行業者が販売する海外パック旅行は，旅行業者と旅行者（学校法人）との間の包括的なサービスの提供契約に基づくものといえますが，そのうちの国内輸送費用やパスポート交付申請手数料等の事務代行部分は国内取引となり，その代金は課税仕入れに該当します。一方，国内→国外，国外→国外，国外→国内への移動に伴う旅費，国外におけるガイドや宿泊費は，国外取引として不課税取引に該当します（消基通7－2－

　6）。

　このように，旅行の手配を学校法人自身が行う場合と旅行業者の海外パック旅行を利用する場合とでは，消費税の扱いに大きな相違はありません。

　ちなみに，海外旅費規程に基づく海外出張者に対する日当は，国外取引として，不課税の扱いとなります。

〔他税目の扱いと留意点〕

源泉所得税…役員や教職員の出張旅費については，国内，海外を問わず，それがその出張に通常必要な範囲内のものであり，旅費規程等により，職制上の地位等にしたがって適正なバランスをもって支給されるかぎり，源泉徴収の対象とはなりません（所法9①四，所基通9－3）。

Q41　土地賃貸・譲渡契約の仲介手数料の扱い

　土地の賃貸や譲渡は，消費税が課税されないそうですが，その契約に付随して不動産業者に支払う仲介手数料も課税仕入れとはならないのですか。

Answer

　土地について消費税が非課税とされるのは，譲渡又は貸付けの対価に限られます。したがって，土地の譲渡代金や地代，礼金，更新料などは非課税とされますが（消法別表第一－一），土地の売買又は貸付け等の契

約に付随する仲介手数料は，仲介業者等が収授する売買等のあっせんサービスの対価であり，課税売上となります（消基通6－1－6）。

　したがって，仲介手数料を支払う側では，課税仕入れに該当することとなります。

〔他税目の扱いと留意点〕

印紙税…土地の譲渡契約書および賃貸借契約書は，印紙税の課税文書です（印法別表第一－一）。また，仲介業者との間の仲介（媒介）契約書は印紙税の課税文書に該当しません。

Q 42　派遣労働者の給与

　当学園の事務局では，データ入力の事務の一部を，Ａ社からの派遣事務員に行わせています。この場合，Ａ社に支払う派遣員の給与は課税仕入れとなりますか。

Answer

　派遣労働者の給与は，雇用契約に基づくものではなく，派遣元の会社との委託契約によるものですから，消費税の課税仕入れとなります（消基通5－5－11）。

〔他税目の扱いと留意点〕

印紙税…派遣（委任）契約書は，印紙税の課税文書には該当しません。

源泉所得税…派遣会社に支払う派遣料は，給与ではなく委託契約に基づく報

酬であり，源泉徴収の対象となる給与または報酬には該当しません。

Q43 土地付建物の仲介手数料の仕入税額控除

　土地付の建物を3億円で譲渡し，また，仲介した業者に仲介手数料として600万円を支払いました。売買代金について，売買契約書では区分されていませんが，譲渡価額のうち土地の部分は，近隣の売買事例等からみて2億1千万円と評価され，残額も建物の譲渡価額として妥当であると思われます。

　当法人では，仕入控除税額の算定について個別対応方式によっていますが，仲介業者に支払った仲介手数料については，上記譲渡価額の割合で課税資産（建物）の譲渡等にのみ要するものと非課税資産（土地）の譲渡等のみに要するものに区分していいでしょうか。

Answer

　個別対応方式により仕入控除税額を計算する場合には，課税仕入れ等について，課税売上げにのみ要するもの，非課税売上げにのみ要するもの，課税・非課税売上げに共通して要するものに3区分することとされており，このうち，課税・非課税売上げに共通して要するものについては，原則として課税売上割合で按分することとされています。

　ただし，課税・非課税売上げに共通して要するものの按分について，課税売上割合によらず，別の合理的な基準により区分している場合は，その区分した額をもって個別対応方式を適用して差し支えないこととされています（消基通11-2-19）。

一方，土地と建物とを一括して譲渡した場合には，その譲渡価額を土地の部分と建物の部分とに合理的に区分することとされています（消施令45③）。

　したがって，土地と建物とを一括して譲渡した場合は，譲渡価額を土地部分と建物部分とに合理的に区分した上で，上記消費税通達にしたがって，その譲渡契約にかかった仲介手数料を，その区分した譲渡価額の割合で課税売上げにのみ要するものと非課税売上げにのみ要するものとに区分して差し支えないと考えられます。

　質問の仲介手数料は，課税・非課税売上げに共通して要するものに該当しますが，土地部分２億１千万円と建物の部分９千万円の割合で課税売上げにのみ要するものと非課税売上げにのみ要するものとに区分して差し支えありません。

〔他税目の扱いと留意点〕

印紙税…土地，建物のような不動産の譲渡契約書は，課税文書に該当します（印法別表第一－一）。

Q 44　仕入税額控除の計算

　同一建物内に大学の教育使用部分と法人税法上の収益事業を行う音楽教室があり，光熱水費および清掃費等の共通経費を使用面積，日数，人員等により区分していますが，消費税の仕入控除税額の計算も基本通達11－1－4（家事共用資産の取得）により，この区分を準用してよいでしょうか。

Answer

　消費税法基本通達11－1－4は，個人事業者が，事業用と家事用の両用途に共通して使用・消費するものを取得した場合の課税仕入れ額の計算についての規定であり，これを，法人の消費税計算上で課税事業と非課税事業共用の支出に適用することはできません。

　ただし，仕入控除税額の計算について個別対応方式をとる場合には，質問のような区分割合が消費税の区分として合理性があれば，その年度中に「課税売上割合に準ずる割合」として税務署に申請書を提出し，その承認を受けることにより，これを適用することが認められています（消法30③，消基通11－5－7）。

Q 45　納付額の計算単位

　消費税は，各部門ごとに納付額を算出・合算して法人全体の納付額を算出するのでしょうか。それとも，法人全体の合算した課税収入，課税支出をもとに法人全体の納付額を算出するのでしょうか。

Answer

　消費税は，各部門ごとに納付額を算出・合算するのではなく，各部門ごとの課税収入，課税支出額をそれぞれ法人全体で合算した額をもとに法人全体の納付額を算出することになっています。

Q 46　個別対応方式

個別対応方式で仕入控除税額を算定する場合，課税売上と非課税売上に共通して要する経費を，具体的な使用割合で区分することはできますか。

Answer

一般に，個別対応方式による仕入控除税額の計算にあたっては，その課税期間中の課税仕入れおよび課税貨物に係る税額を，

① 課税資産の譲渡等にのみ要するもの

② 課税資産の譲渡等以外の資産の譲渡等にのみ要するもの

③ 課税資産の譲渡等とその他の資産の譲渡等に共通して要するもの

に区分した上で，次の算式により計算します（消法30②一）。

仕入控除税額＝①に係る税額＋③に係る税額×課税売上割合 (注)

$$\text{(注)} \quad \text{課税売上割合} = \frac{\text{課税期間中の課税売上高（消費税を除く）}}{\text{課税期間の総売上高（消費税を除く）}}$$

ただし個別対応方式による場合，上記の課税売上割合に代えて，共通の仕入税額を使用面積，日数，人員等により区分して仕入控除税額の計算を行うことについて合理性がある場合は，その年度中に「課税売上割合に準ずる割合」として税務署に申請書を提出し，その承認を受けることにより，これを適用することが認められています（消法30③，消基通11－5－7）。

ちなみに，たまたま土地を譲渡したことにより課税売上割合が減少し，その土地の譲渡以外には事業の実態に変動がない場合として一定の要件を満たす場合は，前3年度の通算課税売上割合か前年度の課税売上割合のいずれか低い割合を課税売上割合に準ずる割合として承認を受けるこ

とができます（国税庁質疑応答事例「たまたま土地の譲渡があった場合の課税
売上割合に準ずる割合の承認」）。

　（特定収入の割合が5％を超える場合には，上記で算定した仕入控除税額に，
さらに調整計算が必要となることを申し添えます）

Q 47　一括比例配分方式

　一括比例配分方式による仕入控除税額の計算方法について説明してく
ださい。

Answer

　これは，売上と仕入の対応関係が区分できない場合に，課税仕入れに
かかる税額の総額に課税売上割合を乗じて計算した金額を控除税額とす
る方法で，次の算式により控除税額を計算します（消法30②二）。

　　　仕入控除税額＝課税仕入れにかかる税額×課税売上割合

　なお，個別対応方式により控除税額を計算できる事業者も選択により
（届出は不要）一括比例配分方式を採用することができますが，選択後2
年間は継続して一括比例配分方式を適用しなければなりません（消法30
④，同⑤）。

　（特定収入の割合が5％を超える場合には，上記で算定した仕入控除税額に，
さらに調整計算が必要となることを申し添えます）

Q 48　特定収入にかかる調整計算

　学校法人において仕入れに係る消費税額の控除額を計算する場合，通常の個別対応方式または一括比例配分方式による控除税額の算式を用いることになるのですか。

Answer

　学校法人を含め，国や地方公共団体の特別会計および消費税法別表第三に掲げる法人または人格のない社団等の場合にあっては，仕入れ税額の控除についての特例があります（消法60④）。

　すなわち，補助金，寄付金等のうちに「特定収入」に該当するものがある場合（特定収入の割合が5／100以下の場合を除く）には，通常の課税売上割合の計算による仕入れ控除税額の合計額から，さらに特定収入で賄われている課税仕入れ等に係る消費税額を差し引いた残額のみが仕入れ控除税額として控除できることとされています（特定収入の調整計算）。

【調整計算の過程】

支　出　（課税仕入は税込）		収　入　（課税売上は税込）
課税仕入Ⓝ	課税資産の譲渡等にのみ要する課税仕入れ等N1	課税売上　①
	課税資産の譲渡等と非課税資産の譲渡等に共通して要する課税仕入れ等N2	非課税売上　② （課税売上割合の算定上，特定の有価証券売却収入については×5％の額とする）
	その他の資産の譲渡等にのみ要する課税仕入れ等N3	

			N1に使途特定 ③a
上記以外		課税仕入れに使途が特定された特定収入　③	N2に使途特定 ③b
			上記以外
		使途不特定の特定収入　④	
	上　記　以　外		

課税売上割合＝①（税抜）／（①（税抜）＋②）＝Ⓚ

※　特定収入割合＝（③＋④）／（①（税抜）＋②＋③＋④）＝Ⓛ

※　調整割合＝④／（①（税抜）＋②＋④）＝Ⓜ

r：消費税率計算（税率10％については税込価額×7.8／110

　　　　　　　軽減税率8％については税込価額×6.24／108

　　　　　　　旧税率8％については税込価額×6.3／108

　　　　　　　として計算する）

　特定収入割合Ⓛが5％超の場合に，通常の仕入控除税額（調整前仕入控除税額）から特定収入にかかる仕入税額を除外しなければなりません。これがいわゆる特定収入の調整計算といわれるものです。

1　課税売上割合が95％以上かつ課税売上5億円以下（通常の仕入税額100％控除）の場合

　　特定収入にかかる仕入税額

　　＝（③×r）＋〔調整前仕入控除税額－（③×r）〕×Ⓜ

2　課税売上割合が95％未満または課税売上5億円超で個別対応の場合

　　特定収入にかかる仕入税額

　　＝（③a×r）＋（③b×r×Ⓚ）

　　＋〔調整前仕入控除税額－（③a×r）－（③b×r×Ⓚ）〕×Ⓜ

3　課税売上割合が95％未満または課税売上5億円超で一括比例の場合

　　特定収入にかかる仕入税額

　　＝（③×r×Ⓚ）＋〔調整前仕入控除税額－（③×r×Ⓚ）〕×Ⓜ

（注1）　複数の税率がある場合は各々税率別に調整計算することが必要であるが，課税売上割合，特定収入割合および調整割合の算定は税率ごとに区分計算せずに一括で行う。

（注2）　※の計算では，海外における資産の譲渡がある場合はこれを分母に加える。なお，当期の調整割合と当期を含む過去3期間の通算割合との差が20％以上となった場合には，さらにその差額の加減調整が必要となる（消施令75⑤，同⑥，同⑦）。

　このように，特定収入にかかる調整計算はかなり複雑ですから，事実関係や関係税法条文等をよく確認し，誤りのない算定を行うことが求められます。

Q 49　「非課税」，「免税」，「不課税」

　「非課税」と「免税」，「不課税」はそれぞれ意味が違うようですが，どのように違うのでしょうか。

Answer

　消費税は，原則として国内でのすべての物品やサービスの販売・提供（輸出入を含みます）に対して広く負担を求める税金であるといえますが，これらの中には，消費税を課税することになじまないものや，社会政策的な配慮から課税の対象としないこととされる物品やサービスの提供・消費もあります。これらが「非課税」取引といわれるものです。

　具体的には，土地の譲渡・貸付け，学校法人が行う教育役務の提供など（消費税法別表第一に掲げる取引）と，外国貨物の保税地域からの引取りのうち特定のもの（同法別表第二に掲げる取引）がこれに該当します。

　つぎに，「免税」とは，課税される資産の譲渡等であるもののうち，

ある特定の条件のものについて，その消費税を免除することをいいます。

　具体的には，輸出取引や輸出類似取引については消費税は「免税」とされています（消法7ほか）。

　また，不課税とは，消費税法の適用対象外となる取引をいい，消費税法の，国内における資産の譲渡等や輸出等に該当しない取引をいいます。

　たとえば，国外における取引や損害賠償金，出資配当，補助金，寄付金等がこれに該当します。

　これらの各取引について，それぞれの消費税法上の扱いは，次のとおりです。

① 非課税取引

　　消費税は課されませんから，販売者における課税売上げ，購入者における課税仕入れのいずれにも該当しません。また，課税売上割合の計算式上，その売上高（うち，株式等特定の有価証券の譲渡については，譲渡代金×5％）を分母のみに算入することとなります。

② 免税取引

　　消費税は課税されませんが，課税売上に該当します。つまり，税率0の課税売上といえます。したがって，課税事業者に該当するかどうか，また，簡易課税制度を適用できるかどうかの判定の基礎となる基準期間の課税売上高には，この免税売上高も含まれますし，課税売上割合の計算算式上，免税売上高は分母，分子の双方に算入することとされます。

　　なお，購入側（仕入れ者）にとっては，非課税仕入れの扱いと相違はありません。

③ 不課税取引

　　消費税法上，販売者における課税売上げ，購入者における課税仕入れのいずれにも該当しません。また，課税売上割合の計算算式上，その売上高は，分母，分子ともに算入しません。なお，国，地方公

共団体，学校法人等消費税法別表第三に掲げる法人において，不課税収入のうちの特定収入が全収入のうち一定割合以上ある場合は，別途，仕入控除税額の調整が必要となります（消法60④）。

Q50　基準期間において免税事業者であった者の課税売上高の判定

当法人の最近の事業年度の課税売上高は，

① 当事業年度（令和２年４月１日～令和３年３月31日）の課税売上高（見込み）：　　　　　　　　　　　　　　　　1,500万円

② 当年度の基準期間となる事業年度（平成30年４月１日～平成31年３月31日）の課税売上高：　　　　　　　　　　1,040万円

③ 当年度の基準期間となる事業年度の基準期間（平成28年４月１日～平成29年３月31日）における課税売上高：　　　900万円

（いずれも税込み）

となっており，当年度の基準期間となる事業年度（平成30年４月１日～平成31年３月31日）については，課税売上高が1,000万円を超えていたにもかかわらず，その基準期間（平成28年４月１日～平成29年３月31日）の課税売上高が1,000万円を超えていなかったため，免税事業者となっていました。当事業年度が，課税事業者となるか，免税事業者となるかの判定を行うにあたっては，当事業年度の基準期間となる事業年度における課税売上高は税抜きで考えてよいのでしょうか。

Answer

当事業年度の基準期間となる事業年度（平成30年４月１日～平成31年３

月31日）では免税事業者だったのですから，その売上高には消費税は含まれていないと考えなければなりません（消法9①）。したがって，当事業年度の基準期間となる事業年度（平成30年4月1日〜平成31年3月31日）の売上金額1,040万円の全額がそのまま基準期間における課税売上高となり，当事業年度は，課税事業者と判定されることになります（消基通1-4-5）。

Q 51　課税事業者となるための届出の手続

当学校法人は，来年度，大規模な施設の取得を計画しており，試算によりますと消費税の還付が見込まれていますが，基準期間における課税売上高が1,000万円以下であるため，来期は免税事業者となります。この場合，消費税の申告ができないので，消費税の還付を受けることはできないのでしょうか。なお，簡易課税の選択届を提出したことはありません。

Answer

基準期間における課税売上高が1,000万円以下の場合でも，所轄税務署長に対して消費税課税事業者選択届出書を提出することにより，課税事業者となることができます（消法9④）。この届出は，原則として，適用を受けようとする事業年度の前事業年度末までに提出することとされています。

したがって，今年度中に消費税課税事業者選択届出書を提出すれば，来年度は課税事業者となり，原則課税で申告することにより，消費税の

還付を受けることができます。

　ちなみに，適用後2年間は継続適用しなければならず，また，届出の効力が発生した後は，基準期間の課税売上高が1,000万円を超えることで課税事業者となる事業年度が途中にあったとしても，その後，再度基準期間の課税売上高が1,000万円以下となった事業年度についても，消費税課税事業者選択不適用届出書を提出しない限りその効力は続く取扱いとなっています（消法9⑤，同⑥，同⑧）。

（注）1　事業開始年度に消費税課税事業者選択届出書を提出した場合は，その事業年度（事業開始年度）から課税事業者となります（消施令20）。

　　　2　消費税課税事業者選択届出書を提出して課税事業者となった場合で，課税事業者となった事業年度から2年間の間に調整対象固定資産（一つ（一取引単位）100万円以上の固定資産）の課税仕入れを行い，かつ，その事業年度の消費税の確定申告を原則課税で（簡易課税の適用を受けずに）行う場合には，その調整対象固定資産の課税仕入れを行った事業年度から3年度間は，消費税課税事業者選択不適用届出書を提出することができません（消法9⑦）。

　　　3　免税事業者制度および簡易課税制度を受けていない事業者が，一つ（一取引単位）1,000万円以上の課税仕入れ（高額特定資産）を行った場合には，その高額特定資産の課税仕入れを行った事業年度から以後3年度間は，消費税課税事業者選択不適用届出書を提出することができません。（平成28年4月1日以後の高額特定資産の取得から適用：消法12の4）

Q52　「消費税課税事業者選択届出書」の効力

　従来から課税売上高が1,000万円を超えたことがありませんが，今年度（令和2年4月1日～令和3年3月31日）に高額な施設取得を予定していたことから，令和2年3月に「消費税課税事業者選択届出書」を提出し，今年度は課税事業者として還付申告をするつもりです。今後も課税売上が1,000万円を超えることはない見込みですが，翌課税期間末（令和4年3月31日）までに「消費税課税事業者選択不適用届出書」を提出すれば，翌々課税期間（令和4年4月1日～令和5年3月31日）から免税事業者に戻ることはできるでしょうか。なお，簡易課税の選択届を提出したことはありません。

Answer

　消費税課税事業者選択不適用届出書は，原則として，課税事業者を選択して2年間経過すれば提出できますが，消費税課税事業者選択届出書を提出して課税事業者となった場合で，課税事業者となった事業年度から2年間の間に調整対象固定資産（一つ（一取引単位）100万円以上の固定資産）の課税仕入れを行い，かつ，その事業年度の消費税の確定申告を原則課税で（簡易課税の適用を受けずに）行う場合には，その調整対象固定資産の課税仕入れを行った事業年度から3年度間は，消費税課税事業者選択不適用届出書を提出することができないこととされています（消法9⑦）。また，同様に消費税簡易課税制度選択届出書もそれ以後でなければ提出できないこととされています（消法37③）。

　したがって，これらの要件に該当する場合には，課税事業者を選択してから最低3年間は原則課税での申告が必要となります。

　質問の場合，原則では令和4年3月末までに消費税課税事業者選択不

147

適用届出書を提出することにより，令和4年度（令和4年4月1日～令和5年3月31日）から免税事業者となることができますが，今年度の施設取得が100万円（税抜き金額）以上の建物や構築物など調整対象固定資産に該当するもの（消法2①十六，消施令5）の取得を含むものと想定されますから，今年度以後3年間は課税事業者として原則課税で申告する必要があり，免税事業者となることはできません。

(注) 別途，免税事業者制度および簡易課税制度を受けていない事業者が一つ（一取引単位）1,000万円以上の課税仕入れ（高額特定資産）を行った場合の，その事業年度を含めて以後3年度間は免税事業者となることはできないとする規定もあります（消法12の4①，消施令25の5）。

Q 53　「課税資産の譲渡等にのみ要するもの」とは

　仕入控除税額を個別対応方式で算出する場合，教育研究経費，管理経費の別を問わず，物品やサービスなどの支払（課税仕入れ）に係る税額は，課税売上げ（課税資産の譲渡等）にのみ要するものであればすべて仕入税額控除できるそうですが，この場合の「課税資産の譲渡等にのみ要するもの」とはどのようなものをいうのでしょうか。

Answer

　課税資産の譲渡等にのみ要するものとは，課税資産の譲渡等を行うためにのみ必要な課税仕入れ等をいいます。これにはその代価が課税資産の譲渡等のための原価となるような課税仕入れのほか，その販売に直接必要な販売費等も含まれ，また，課税資産の譲渡等とそれに要する課税仕入れが同事業年度に対応しているかどうかを問いません。

　たとえば，課税の対象となる販売用品の販売に関するものとしては，その販売用品の仕入れ代金のほか，運送費や梱包，倉庫料等のような経費の課税仕入れも含まれることになります（消基通11－2－12）。

　また，ある事業年度に仕入れた販売用品が，かりにその事業年度に売り切れずに在庫として残っても，原則として仕入れた事業年度に全額を仕入税額控除の対象として差し支えありません。

Q 54　「その他の資産の譲渡等にのみ要するもの」とは

　仕入控除税額を個別対応方式で算出する場合，仕入税額控除の対象とならない，「その他の資産の譲渡等にのみ要するもの」とは，どのようなものをいうのでしょうか。

Answer

　「その他の資産の譲渡等にのみ要するもの」とは，非課税売上（非課税となる資産の譲渡等）のためにのみ必要な課税仕入れをいいます。具体的には，たとえばつぎのようなものが考えられます（参考：消基通11－2－15）。

- ・非課税となる学校教育に直接必要な経費（教育研究経費はおおむねこれに該当すると考えられます）
- ・土地売却にかかる仲介手数料
- ・有価証券の売買手数料

Q 55　「課税，非課税に共通する課税仕入れ」とは

仕入控除税額については個別対応方式を採っていますが，課税売上割合で按分することとなる，「課税資産の譲渡等とその他の資産の譲渡等に共通する課税仕入れ」とは，どのようなものをいうのでしょうか。

Answer

課税売上（課税資産の譲渡等）と非課税売上（その他の資産の譲渡等）がある場合に，それらに共通して使用される施設設備の取得額や，消耗品費，通信費その他の経費がこれに該当します。この場合の経費は，教育研究経費か，管理経費かを問いませんが，教育研究経費には，非課税売上（納付金収入等非課税となる資産の譲渡等）のためにのみ必要な課税仕入れとなるものが多いと考えられます。

なお，不課税取引のために要する課税仕入れも「課税資産の譲渡等とその他の資産の譲渡等に共通する仕入れ」に該当します（消基通11－2－16）。

仕入控除税額を個別対応方式で算出する場合，この「課税資産の譲渡等とその他の資産の譲渡等に共通する仕入れ」は，課税売上割合で按分することが原則とされますが，それ以外の合理的な基準により課税資産の譲渡等にのみ要するものとその他の資産の譲渡等にのみ要するものとに区分している場合には，その区分した結果により個別対応方式を適用して差し支えないこととされています（消基通11－2－19）。

Q 56　帳簿，請求書等の保存要件

　仕入税額控除の適用要件として，帳簿の記録および請求書等の保存が必要とされていますが，すべての課税仕入れについて必要でしょうか。

Answer

　まず，帳簿の記録・保存についてですが，災害等やむを得ない事情がある場合を除き，すべての課税仕入れについて必要とされます（消法30⑦）。記載が必要とされる事項は次のとおりです（消法30⑧）。

　・課税仕入れの相手方の氏名または名称

　・課税仕入れを行った年月日

　・課税仕入れをした資産またはサービスの内容

　・課税仕入れ価額（税込み）

　なお，軽減税率が適用される課税仕入については，帳簿上，対象品目の区分記載をすることが必要です。

　（保税地域からの貨物の引取りの場合もこれに準じます）

　ここでいう帳簿とは，必ずしも資金収支元帳，総勘定元帳のみならず，物品購入台帳のような補助帳簿に記載があれば足ります。

　つぎに請求書等（請求書，納品書，領収書など）は，１回の代価が３万円未満の場合や，交通機関の乗車券や自動販売機からの購入などの場合(注)のような，請求書等を受領できない場合には，帳簿にやむを得ない理由を記載することを条件に，保存を要しないこととされます（消法30⑦，消施令49①一，同二，同三，消基通11－6－3）。

　上記で，３万円未満かどうかは消費税込みの金額で判定し，また，課税仕入れ１回ごと（１品目ごとではない）に判定します（消基通11－6－2）。

　（注）　交通機関や郵便サービス等以外では，帳簿に相手方の住所・所在地を記載することが求められる場合があります（消施令49①二，消基通11－6

151

－4）。

　なお，軽減税率が適用される対象品目を含む請求書等には，軽減税率の対象品目である旨および税率ごとに区分して合計した税込対価額の記載が必要です（区分記載請求書等保存方式）。

　また，これらの事項の記載がない請求書等の交付を受けた場合，これらの事項を事実に基づき追記することが認められています。

　ちなみに，令和5年10月からは，登録を受けた適格請求書発行事業者にのみ発行が認められる請求書等の保存を必要とする「適格請求書等保存方式」（いわゆるインボイス制度）が導入される予定です。なお，適格請求書発行事業者の登録申請は，課税事業者のみ行うことができることとされます。

Q 57　簡易課税の業種区分

簡易課税を適用する際の業種区分の概要を示してください。

Answer

　各事業区分に該当する事業分類，みなし仕入率および学校法人でよくみられる収入の事業区分例を示せば，次のとおりです（消法37①，消施令57①，同⑤，同⑥）。

簡易課税の業種区分

事業区分	分類	具体的分類	みなし仕入率	学校でよくある収入例（＊は授業料等に含めて一律に徴収するものを除く）
第1種事業	卸売業		90%	

第２種事業	小売業		80%	購買部売上
第３種事業	建設業，製造業，農林漁業等		70%	入学案内・過去問販売収入
第４種事業	その他の事業	・飲食サービス業，・他種事業に分類されない事業	60%	給食費収入＊，学食の売上，車両売却収入，備品・廃品売却収入
第５種事業	金融保険業，運輸通信業，サービス業（飲食店業を除く）	・情報通信業，・運輸業，・郵便業，・金融業，・保険業，・物品賃貸業，・学術研究，専門技術サービス業，・宿泊業，・生活関連サービス業，・娯楽業，・教育，学習支援業，・医療，福祉，・複合サービス業，・他に分類されないサービス業	50%	スクールバス代＊，講習会収入，制服販売業者からの販売手数料収入，自販機手数料収入
第６種事業	不動産業	・不動産代理業・仲介業，・貸事務所業，・土地賃貸業，・貸家業，・貸間業，・駐車場業，・その他の不動産賃貸業，・不動産管理業	40%	駐車場収入

（注）　令和元年10月から，農林漁業のうち飲食料品の譲渡は第２種事業とされています。

なお，みなし仕入率の適用に関しては，次のような特例が認められます（消法37①，消施令57③，消基通13－４－１，同13－４－２）。

(イ)　２種類以上の事業区分を営む場合で，１種類の事業区分の課税売上高が全体の課税売上高の75%以上を占める事業者については，その75%以上を占める事業区分のみなし仕入率を全事業区分の課税売上高に対して適用することができます。

(ロ)　３種類以上の事業区分を営む事業者で，特定の２種類の事業区分の課税売上高が全体の課税売上高の75%以上を占める事業者については，その２種類の事業区分のうちみなし仕入率が高い方の事業区分を除き，その２種類の事業区分のうち低い方のみなし仕入率を各事業区分の課税売上高に対して適用することができます。

簡易課税制度を選択した場合の効力期間

　当法人では，最近の事業年度の課税売上高（税抜き）の推移が次のようになっており，平成30年度の基準年度（平成28年度）の課税売上高が50,000千円以下であったので，平成29年度末に簡易課税選択届を提出し，平成30年度については簡易課税の適用を受けましたが，令和元年度は基準年度（平成29年度）の課税売上高が50,000千円を超えたため，原則課税（簡易課税の適用を受けない方法）で申告しました。令和2年度（今年度）および来年度も，簡易課税の適用は受けられないのでしょうか。

　なお，平成29年度末の簡易課税制度選択届出書提出後，簡易課税制度選択届出書の再提出も取止めの届出もしていません。

平成28年度課税売上高47,000千円

平成29年度　〃　　53,000千円

平成30年度　〃　　55,000千円

令和 元 年度　〃　　48,000千円

令和 2 年度　〃　　55,000千円（見込み）

令和 3 年度　〃　　57,000千円（見込み）

Answer

　簡易課税選択届出書を提出した場合には，簡易課税制度選択不適用届出書を提出しない限り，その後の事業年度については，その基準期間の課税売上高が50,000千円以下であれば，継続して簡易課税制度の適用を受けることとなりますが，基準期間の課税売上高が50,000千円を超えることとなった事業年度については，原則課税となります。ただ，その後再び基準期間における課税売上高が50,000千円以下となった事業年度については，改めて消費税簡易課税制度選択届出書を提出しなくて

も，簡易課税制度が適用されることとされています（消基通13－1－3）。

　したがって，質問の場合，令和2年度については，基準期間（平成30年度）における課税売上高が50,000千円を超えているので原則課税となりますが，令和3年度については，基準期間（令和元年度）における課税売上高が50,000千円以下であるので簡易課税制度が適用されます。

　ちなみに，簡易課税制度の適用を選択している事業者がその後免税事業者となった場合も，簡易課税制度選択届出書の効力は持続していますので，以後再び課税事業者となったときには，消費税簡易課税制度選択不適用届出書を提出する場合や，基準期間の課税売上高が50,000千円を超えている場合を除き，簡易課税制度が適用されることとなります。

Q 59　みなし仕入率の適用関係

　簡易課税制度の適用を受けたいと思っていますが，事業の種類を6つに区分する必要があると聞きました。当法人では，売店での物品販売と，それに付随する若干の自動販売機手数料収入があるだけなので，全額を小売業（第2種事業）としていいでしょうか。

Answer

　簡易課税制度における業種の区分は，原則として，各課税資産の譲渡等ごとに判定することになります（消基通13－2－1）。

　2種類以上の事業を営む事業者は，課税資産の譲渡等（課税売上高）をその種類ごとにそれぞれその事業に係るみなし仕入率を適用することになりますから，質問の場合も，帳簿等で，課税売上高を小売業（第2種

事業）とサービス業（第５種事業）とに区分し，各々のみなし仕入率を適用することが必要となります(注)。

　なお，２種類以上の事業を営む事業者が売上げを業種ごとに区分していない場合には，全売上高が，営む業種のうちみなし仕入率が最も低い業種の売上高として扱われます（消法37①，消施令57④）。

(注)　１種類の事業の課税売上高が75％以上を占める場合等については，特例措置があります（Q57参照）。

Q60　消費税申告税額の計算事例

消費税確定申告税額の計算事例を示してください。

Answer

消費税確定申告税額の計算事例

法人名　学校法人○○学園（東京都千代田区に所在）

1　消費税申告は原則課税，仕入控除税額は個別対応方式によっている。

2　収入の課税非課税等分類（課税収入の金額は税込み）

勘定科目	資金収支元帳金額	課税収入（旧８％および軽８％）	課税収入（10％）	非課税収入	特定収入	備　考
納付金収入	奨学費－1,500 100,000	0	0	98,500	0	

付帯教育料収入	41,800	0	41,800	0	0	
入学検定料収入	23,800	0	0	23,800	0	
試験料収入	5,200	0	0	5,200	0	
証明手数料収入	1,100	0	0	1,100	0	
寄付金収入	800	0	0	0	800	使途不特定
補助金収入	32,600	0	0	0	32,600	10％課税仕入に使途特定
	7,200	0	0	0	7,200	使途不特定
有価証券売却収入	10,000	0	0	10,000	0	（注）
その他補助活動収入	39,600	0	39,600	0	0	
受取利息配当金収入	7,100	0	0	7,100	0	
施設設備利用料収入	14,200	0	9,900	4,300	0	
雑収入	1,100	0	1,100	0	0	
計	−1,500 284,500	0	92,400	150,000	40,600	

（注）　有価証券売却収入は，課税売上割合算定上その５％が非課税収入に算入されるものに該当。

課税仕入に使途が特定された特定収入の内訳	課税売上対応課税仕入に使途特定	非課税売上対応課税仕入に使途特定	共通対応課税仕入に使途特定	計
10％課税仕入に使途特定収入	21,890	3,710	7,000	32,600

3 支出の課税非課税等分類（課税支出の金額は税込み）

勘定科目	資金収支元帳金額	課税支出（旧8％）	課税支出（軽8％）	課税支出（10％）	非課税・不課税支出
人件費支出	75,000	0	0	0	75,000
（教）消耗品費支出	34,610	0	2,160	32,450	0
（教）光熱水費支出	30,470	0	0	30,470	0
（教）奨学費支出	1,500	0	0	0	1,500
（教）修繕費支出	18,238	0	0	18,238	0
（教）諸会費支出	1,400	0	0	0	1,400
（管）消耗品費支出	5,236	0	0	5,236	0
（管）賃借料支出	10,536	1,296	0	9,240	0
借入金利息支出	3,000	0	0	0	3,000
建物支出	11,506	0	0	11,506	0
（教）機器備品支出	7,040	0	0	7,040	0
計	198,536	1,296	2,160	114,180	80,900
計の内訳：課税売上対応課税仕入		432	0	33,000	
非課税売上対応課税仕入		0	0	42,680	
共通対応課税仕入		864	2,160	38,500	

【計算過程】

(1) 各割合の計算

課税売上割合

$$= (92,400 \times 100 / 110) / \{92,400 \times 100 / 110 + (150,000$$
$$- 10,000) + 10,000 \times 0.05_{※}\} = 37.416\cdots\%$$

（※ 課税売上割合算定上，非課税収入のうち有価証券売却収入は，その5％が非課税売上に算入される）

特定収入割合

$$= 40,600 / (92,400 \times 100 / 110 + 150,000 + 40,600)$$
$$= 14.785\cdots\% (> 5\%)$$

（特定収入割合が5％超なので，調整計算が必要）

調整割合

＝（800＋7,200）／（92,400×100／110＋150,000＋800

＋7,200）＝3.305…％

(2)　税額の計算

計　算　過　程	旧8％	軽8％	10％	計	
課税売上に係る税額 0×6.3／108＝0 0×6.24／108＝0 92,400×7.8／110＝6,552	0	0	6,552	6,552	
通常の仕入控除税額 （432×6.3／108）＋（864×6.3／108 ×37.416…％）＝44 2,160×6.24／108×37.416…％ ＝46 （33,000×7.8／110）＋（38,500×7.8 ／110×37.416…％）＝3,361	44	46	3,361	3,451	Ⓐ
課税仕入れのみに使途特定の特定収入に 係る仕入税額 （0×6.3／108）＋（0×6.3／108 ×37.416…％）＝0 （0×6.24／108）＋（0×6.24／108 ×37.416…％）＝0 （21,890×7.8／110）＋（7,000×7.8 ／110×37.416…％）＝1,737	0	0	1,737	1,737	Ⓑ
使途不特定の特定収入に係る仕入税額 （44－0）×3.305…％＝1 （46－0）×3.305…％＝1 （3,361－1,737）×3.305…％＝53	1	1	53	55	Ⓒ
控除仕入税額 Ⓐ44－Ⓑ0－Ⓒ1＝43 Ⓐ46－Ⓑ0－Ⓒ1＝45 Ⓐ3,361－Ⓑ1,737－Ⓒ53＝1,571	43	45	1,571	1,659	Ⓓ

差引消費税額 0-⑥43=-43 0-⑥45=-45 6,552-⑥1,571=4,981	-43	-45	4,981	4,893
地方消費税額 旧税率分…-43×17／63=-11 新税率分…(-45+4,981)×22／78 　　　＝1,392	-11	1,392		1,381
納付すべき税額計 4,893+1,381=6,274				6,274

（注）　実際の税務申告にあたっては，国税庁ホームページに掲げられている
　　　申告書様式を使用してください。なお，特定収入にかかる仕入税額の調
　　　整計算については，同ホームページ国・**地方公共団体や公共・公益法人**
　　　等と消費税に掲げられている「特定収入に係る課税仕入等の税額の計算
　　　表」（計算表1～計算表5）を使用することが便利です。

Ⅲ　寄付金・譲渡所得
　関係税制

1　学校法人に対する寄付金にかかる税制

　学校法人に対する寄付金については，その公益性から各種の税法上の優遇措置がとられています。これらの制度は，学校法人等の公益法人へ寄付を行う者に対して税を軽減することにより，公益法人等への寄付の増進をはかるものです。

1　個人が行う寄付（所得税寄付金控除：特定寄付金を支出した場合の所得控除）

　個人が学校法人等に対して寄付金を支出した場合には，その個人のその寄付をした年分の所得税の計算上，所得控除（寄付金控除）を受けることができます（所法78）。この所得控除を受けられる寄付金を，特定寄付金といいます。

⑴　特定寄付金の範囲

　特定寄付金の主なものは，次のとおりです。ただし，学校の入学に関してするものは特定寄付金には該当しないものとされています（所法78②，所施令217ほか）。

① 　国または地方公共団体に対する寄付金
② 　指定寄付金（財務大臣が個別に指定した寄付金，日本私立学校振興・共済事業団の扱う受配者指定寄付金を含む）
③ 　特定公益増進法人に対する寄付金で，その法人の主たる目的である業務に関連するもの
④ 　認定ＮＰＯ法人に対する寄付金で，その法人の行う特定非営利活動に係る事業に関連するもの

(2)　学校が受領する寄付金

　学校法人が受領する寄付金には，上記の②または③に該当するものがあります。

　イ　財務大臣が指定した寄付金（上記②に該当）

　　　財務大臣が，次の要件を満たすものとして指定したものは，特定寄付金に該当します。学校法人に対する寄付金も，指定を受ければこれに該当することとなります。

　　i　広く一般に募集されること

　　ii　教育または科学の振興，文化の向上，社会福祉への貢献その他公益の増進に寄与するための緊急の支出に充てられることが確実であること

　　　この指定を受けるためには，次の事項について，財務大臣の審査を受けることが必要です（所施令216）。

　　i　寄付金を募集しようとする法人（学校法人）の行う事業の内容および寄付金の使途

　　ii　寄付金募集の目的および目標額ならびにその募集の区域および対象

　　iii　寄付金の募集期間

　　iv　募集した寄付金の管理の方法

　　v　寄付金の募集に要する経費

　　vi　その他指定のために必要な事項

　ロ　日本私立学校振興・共済事業団が扱う寄付金（上記②に該当）

　　　日本私立学校振興・共済事業団の業務の一環として，学校法人の資金募集を容易にするため，受配者指定寄付金制度が設けられています。この制度では，寄付者は学校法人に対して直接寄付をするのではなく，同事業団にその寄付金を受配する学校法人を指定したうえで預託し，その後，その学校法人が同事業団に交付申請を行って寄付を受領することとされます。（ただし，受配者指定寄付を個人が行う場合の税務上の扱いは次項の特定公益増進法人に対する寄付金と同様となるので，日本私立学校振興・共済

事業団では，原則として個人からの受配者指定寄付金は受け付けないこととされています）

ハ　特定公益増進法人に対する寄付金（上記③に該当）

　ⅰ　特定公益増進法人の範囲

　　特定公益増進法人とは，公益法人等のうち，教育または科学の振興，文化の向上，社会福祉への貢献その他公益の増進に著しく寄与するものとして，所得税法施行令第217条第1項に列挙されている法人をいいます。

　　学校法人については，いわゆる一条校および専修学校，各種学校を設置する法人が該当します（所施令217四）。

　ⅱ　所轄庁の証明等

　　特定公益増進法人に該当することの証明は，学校法人がその所轄庁（大学設置法人の場合は文部科学省，知事所轄法人は都道府県）に，特定公益増進法人であることの証明申請を行い，所轄庁からその証明書の交付を受けることによります。この証明書は5年間有効です。

　　寄付金控除の対象となる寄付金は，学校法人の主たる目的である業務に関連するものとされていますが，この関連性については，その法人の募金趣意書，事業計画，募金計画書等を総合勘案して判定することとされています（参考：法基通9－4－7）。

　　寄付をした個人が，所得税の寄付金控除の適用を受ける場合には，寄付先の学校法人から寄付金の受領証および上記証明書の写しの交付を受けて，確定申告書提出の際に添付または提示することが要件とされています。

(3)　寄付金控除額

　個人が上記の特定寄付金を支出した場合において，その個人のその支出した年分の所得金額から控除される寄付金控除の額は，次の算式により計算した金額となります。

寄付金の所得控除額＝（特定寄付金の合計額と所得金額×40％のうちいずれか少ない額）－2,000円

(4) 留意事項

① 特定寄付金に該当しないものとされる「学校の入学に関してするもの（寄付）」とは，自己または子女等の入学を希望する学校に対してする寄付金で，その納入がない限り入学を許可されないこととされるものその他その入学と相当の因果関係のあるものとされています。この場合において，入学願書受付の開始日から入学が予定される年の年末までの期間に納入したもの（入学決定後に募集の開始があったもので，新入生以外の者と同一の条件で募集されるものを除きます）は，原則として「入学と相当の因果関係があるもの」に該当するものとして扱われます（所基通78－2）。

また，次に掲げる寄付金も「学校の入学に関してするもの」に該当するものとなります（所基通78－3）。

イ　自己または子女等の入学を希望して支出する寄付金で，入学辞退等により結果的に入学しないことになった場合のもの

ロ　自己または子女等が入学する学校に対して直接支出する寄付金のほか，当該学校と特殊の関係にある団体等に対して支出するもの

② 金銭以外の財産の寄付も寄付金控除の対象となり，その場合の寄付金の額は寄付した時のその寄付した財産の価額（時価）によるのが原則ですが，学校法人等に対する財産の贈与または遺贈のうち，後述のみなし譲渡所得等の非課税の特例の適用を受けるものについては，特定寄付金の額は，その財産の時価から非課税とされる譲渡益の額を控除した金額（つまりその財産の取得費および売却費用相当額）となります（措法40⑲：「2 学校法人への贈与等にかかるみなし譲渡課税の非課税特例」参照）。

現物寄付を受領した場合，学校法人が発行する受領証には，その物件の名称等，その物件であることを特定できる事項を記載すれば足り，金額の記載は要件ではないと考えられますが，もし寄付者の要望等により

金額を記載する場合は，上記の事情を考慮し，税務上妥当な評価額を記載することが望まれます。

(5)　税額控除制度

　学校法人に対する特定寄付金でさらに特定の要件を満たす場合には，所得税の計算において税額控除を受けることができることとされています（所得控除との選択適用：措法41の18の3）。

【要　件】（措施令26の28の2，措施規19の10の5）
①　実績判定期間（前期以前5年間）におけるその学校法人の経常収入金額に占める寄付金の割合が20％以上であるか，または実績判定期間内に3,000円以上の寄付を行った寄付者（判定基準寄付者）の数が年平均100人以上でかつ寄付金額が年平均30万円以上であること
②　寄附行為，役員名簿，財産目録等，一定の書類について，学校本部事務所に備え置き，閲覧の請求があった場合には，正当な理由がある場合を除き閲覧させること
③　寄付者名簿を作成・保存すること

| ①の寄付者数要件の特例1 |

　定員が5,000人未満の学校法人については，
　［判定基準寄付者数×5,000／定員数］が100人以上でよいこととされています（算式中の定員数が500未満の場合は500とする）。
　ただし，判定基準寄付者からの寄付金が，年平均30万円以上であることが必要です。

| ①の寄付者数要件の特例2 |

　公益目的事業費用等が1億円未満の学校法人については，
　［判定基準寄付者数×1億円／公益目的事業費用等］が100人以上でよいこ

ととされています（算式中の公益目的事業費用等が1千万円未満の場合は1千万円とする）。

ただし，判定基準寄付者からの寄付金が，年平均30万円以上であることが必要です。

これらの要件をすべて満たす学校法人は，その所轄庁（大学設置法人の場合は文部科学省，知事所轄法人は都道府県）に，上記要件を満たすことについて証明申請を行い，所轄庁からその証明書（証明日から5年間有効）の交付を受けておく必要があります。

（参考：文科省　学校法人に対する寄附の税額控除に係る証明〜申請の手引き〜）

寄付者は，所得税の税額控除の適用を受ける場合には，寄付先の学校法人から寄付金の受領証および上記証明書の写しの交付を受けて，確定申告書提出の際に添付することが要件とされています。

【税額控除限度額】

税額控除限度額＝（該当する寄付金の合計額（総所得金額の40％が限度）

$$-2,000円）×40％ \qquad （所得税額の25％が限度）$$

(6)　個人住民税の扱い

個人の行う寄付金について，個人住民税の計算上は，税額控除の制度がありますが，寄付の区分ごとに扱いが異なります。

① 国または地方公共団体に対する寄付金

② 財務大臣が指定した寄付金（日本私立学校振興・共済事業団の扱う受配者指定寄付金等を含む）

③ 特定公益増進法人に対する寄付金で，その法人の主たる目的である業務に関連するもの

④ 認定NPO法人に対する寄付金で，その法人の行う特定非営利活動に係る事業に関連するもの

　学校法人に対する寄付金は，②または③に該当するもののうち，その寄付者個人の居住都道府県および市区町村が条例で指定したもののみが，税額控除の対象となります。

　税額控除の額は次のとおりです。

　　税額控除限度額＝（該当する寄付金の合計額　（総所得金額の30％が限度）
　　　　　　　　　　　　－2,000円）×4％（都道府県民税），6％（市町村民税）

　この税額控除を受けるためには，所得税の確定申告書に所定事項の記載が必要です。

2　法人が行う寄付（法人税：寄付金の損金算入限度額）

⑴　法人が行う寄付金の分類

　法人が行う寄付金については，次のように分類され，それぞれにおいて，法人税の所得計算上，損金算入限度額が設けられています（法法37）。

　①　国または地方公共団体に対する寄付金
　②　指定寄付金（財務大臣が個別に指定した寄付金，日本私立学校振興・共済事業団の扱う受配者指定寄付金等を含む）
　③　特定公益増進法人に対する寄付金で，その法人の主たる目的である業務に関連するもの
　④　認定ＮＰＯ法人に対する寄付金で，その法人の行う特定非営利活動に係る事業に関連するもの
　⑤　上記以外の寄付金

　学校法人が受領する寄付金には，②，③または⑤に該当するものがあります。

　また，それぞれの範囲および証明手続き等については，⑤を除き，個人が行う寄付金と同様です（⑤については所轄庁の証明手続きは不要）。

⑵　損金算入限度額

　①および②…全額が損金に算入されます。

③および④…損金算入限度額

$$= (期末資本金 \times \frac{3.75}{1,000} + 寄付前所得額 \times \frac{6.25}{100}) \times \frac{1}{2}$$

（それぞれ⑤にかかる損金算入限度額とは別枠で損金算入できる）

⑤…損金算入限度額 $= (期末資本金 \times \frac{2.5}{1,000} + \frac{寄付前}{所得額} \times \frac{2.5}{100}) \times \frac{1}{4}$

（令和4年4月1日以後開始事業年度から，上記算式の期末資本金は，期末の資本金と資本準備金の合計額とされます）

　学校法人が受領する寄付金についていえば，②，③，⑤のいずれに該当するかにより，損金に算入できる限度額が異なりますので，証明書の交付等に留意が必要です。

　なお，法人税の計算においては，寄付金についての税額控除制度はありません。

(3)　事業税・住民税上の扱い

　法人事業税の所得計算上も，法人税の損金限度額計算がそのまま認められます。また，法人住民税の課税計算のもととなる法人税額も，上記法人税の計算がそのまま認められます。

② 　学校法人への贈与等にかかる　みなし譲渡課税の非課税特例

1　資産を贈与した場合のみなし譲渡所得計算の原則

　個人が法人に対して土地や建物などの財産や山林を寄付した場合は，原則として時価により譲渡があったものとみなされて，その寄付者に対して譲渡所得や山林所得などとして所得税が課税されます（所法59）。

　たとえば，寄付者が所有土地（取得価額10,000千円，寄付時の価額（時価）

25,000千円）を寄付した場合，税務上は，寄付者はその対価（代金）25,000千円を一旦受領し，同時にその代金を寄付先に贈与したものとして扱われます。

　したがって，25,000千円－10,000千円＝15,000千円の譲渡益（譲渡所得）について所得税が課税されることとなります（一方，25,000千円の寄付を行ったこととなりますので，特定寄付金に該当すれば寄付金控除が受けられることになります）。

2　非課税の特例

　上記の原則に対し，国や地方公共団体に対して譲渡所得の基因となる財産や山林を寄付した場合には，その寄付による譲渡所得や山林所得などは非課税とされています。

　同様に，学校法人等の公益法人等に対して譲渡所得の基因となる財産や山林を寄付した場合も，一定の要件を満たすものとして国税庁長官の承認を受けたときは，その寄付に基づく譲渡所得や山林所得などは非課税とされています（措法40①）。

　この非課税とされる寄付（譲渡）には，既存の法人に対する財産の贈与や遺贈のほか，新たに公益法人等を設立するためにする生前贈与や遺言による財産の寄付も含まれます。

【国税庁長官の承認を受けるための要件】

　　この特例における国税庁長官の承認を受けるためには，次の要件を満たすことが必要です（措施令25の17⑤）。

ⅰ　その寄付が，教育または科学の振興，文化の向上，社会福祉への貢献その他公益の増進に著しく寄与すること

ⅱ　寄付した財産が，その寄付のあった日から2年以内にその公益法人等の公益を目的とする事業の用に直接供され，または供される見込みであること

　　なお，寄付を受けた公益法人等が，収用・換地，災害などやむを得ない理由として国税庁長官が認める理由によりその寄付財産を他に譲渡した場合は，その譲渡代金の全額を代替資産としての建物，構築物，土地

または土地の上に存する権利の取得に充て，かつ，その代替資産が，寄付のあった日から原則として2年以内にその公益法人等の公益を目的とする事業の用に直接供される見込みであること

iii　その公益法人等に対して財産を寄付することにより，その寄付者の所得税の負担を不当に減少させ，またはその寄付者の親族その他これらの者と特別の関係がある者の相続税もしくは贈与税の負担を不当に減少させる結果とならないと認められること

(注)　上記iiiにおいて，寄付を受けた公益法人等が次の要件をすべて満たしている場合は，「所得税または贈与税もしくは相続税の負担を不当に減少させる結果とならないと認められる」場合に該当するものとされています。(措施令25の17⑥)

(1)　その公益法人等の運営組織が適正であるとともに，その寄附行為，定款または規則において，その役員等（理事，監事，評議員等）のうち，親族等特殊関係者の数がそれぞれの役員等の数のうちに占める割合は，いずれも3分の1以下とする旨の定めがあること

(2)　その公益法人等に財産を寄付する者，その公益法人等の役員等，社員またはこれらの者の親族等特殊関係者に対し，施設の利用，金銭の貸付け，資産の譲渡，給与の支給や役員等の選任その他財産の運用および事業の運営に関して特別の利益を与えないこと

(3)　その公益法人等の寄附行為，定款または規則において，その法人が解散した場合にその残余財産が国もしくは地方公共団体または他の公益法人等に帰属する旨の定めがあること

(4)　その公益法人等につき公益に反する事実がないこと

(5)　寄付された財産が株式である場合は，その株式数が発行法人の発行済株式数の2分の1を超えないこと

なお，この非課税の特例を受ける場合，寄付金控除の計算においては，譲渡資産の価額（時価）のうち，その資産の取得価額および寄付時の費用に相当する部分（原価）の金額のみが特定寄付金として扱われます（措法40⑲）。

3　国税庁長官の承認を受けるための手続

学校法人等の公益法人に財産を寄付した場合に，上記2で述べた国税庁長官の非課税の承認を受けようとするときは，寄付を行った者は，財産の寄付をした日から4か月以内に所轄税務署を経て国税庁長官に「租税特別措置法第40条

の規定による承認申請書」（寄付を受けた学校法人等の規程や概要がわかる書類，確認書等の添付が必要）を提出しなければなりません。この申請書を提出すると，所轄税務署がその概要を調査し，それを受けて国税局または国税庁の審議を経て承認されることとなります（措施令25の17①）。

4　公益法人等の承認特例

　経常費補助金の給付を受けている学校法人に対して財産の寄付があった場合には，非課税承認要件及び手続きに関してさらに特例制度が設けられています。（平成29年4月から：平成29年3月までは大学または高等専門学校を設置する学校法人に限られていた）

　この場合の非課税承認要件は，上記　**2非課税の特例**　の国税庁長官の承認要件より簡略化されており，次に掲げるものとされます（措施令25の17⑦，措施規18の19⑥一，同18の19⑦三）。

　　i　その学校法人の役員およびその親族等以外の者からの財産の寄付であること

　　ii　財産の寄付を受けた学校法人が，寄付があった日の属する事業年度において，その財産について基本金に組み入れる方法により管理していること

　　iii　その学校法人の理事会その他これに準ずる機関において，その学校法人が財産の寄付の申出を受けることおよびその寄付を受けた財産について基本金に組み入れることが決定されていること

　寄付者がこの特例を受けるためには，上記の要件を満たすことを証する所定の書類を添付した申請書を所轄税務署に提出しなければなりませんが，その提出後1カ月以内に承認又は不承認の決定がなかったときは，承認があったものとみなされます（措施令25の17⑧）。

③ 学校法人に相続財産を贈与した場合の相続税の非課税特例

1 非課税となる財産

　相続または遺贈により財産を取得した者が，その取得した財産を，その相続税の申告書の提出期限までに，国もしくは地方公共団体または公益社団法人その他の公益を目的とする事業を行う法人のうち，教育・科学の振興，文化の向上，社会福祉への貢献その他公益の増進に著しく寄与する特定のもの（学校法人も含まれます）に対して贈与した場合には，その贈与によってその贈与者またはその親族その他特殊関係者の相続税または贈与税の負担が不当に減少する結果となると認められる場合を除き，その贈与した財産には相続税を課税しないこととされています（措法70①，措施令40の３）。

　相続税法では，相続または遺贈により財産を取得した者自らが公益の増進に寄与するところが著しいと認められる公益事業を行い，かつ，その取得した財産をその公益事業の用に供することが確実な場合には，その財産は相続税の非課税財産とする旨の規定が設けられています（相法12①三，相施令２）が，上記の制度では，相続または遺贈により財産を取得した者が，学校法人等の公益事業にその財産を贈与（寄付）した場合にも相続税を非課税とするものです。

　この制度は相続税法上の制度ですから，別途，所得税の譲渡所得非課税特例や寄付金控除については，それぞれの要件に該当すれば適用を受けることができます。

2 適用要件

　この非課税制度の適用を受けるには，次に掲げる要件をすべて満たすことが必要です。

① 　贈与した財産は，相続または遺贈により取得した財産であること

　　相続税計算上の相続・遺贈財産には，相続開始前３年以内に被相続人か

ら贈与により取得した財産や相続時精算課税の適用を受ける財産で相続税

法の規定により相続税の課税価格に加算されるものが含まれますが，これ

らは，この制度の適用がある財産には含まれません（措通70－１－５）。

② 　その相続税の申告書の提出期限（相法27①）までに行われた贈与である

こと（措法70①）

③ 　贈与の相手方は，以下のような法人であること（以下は対象法人のうち主

なもの：措施令40の３）

　ⅰ　独立行政法人

　ⅱ　国立大学法人および公立大学法人

　ⅲ　公益社団法人および公益財団法人

　ⅳ　私立学校法第３条に規定する学校法人で，学校（子ども・子育て支援新

　　制度の適用を受ける保育・教育施設を含む）の設置もしくは学校および専修

　　学校の設置を主たる目的とするもの，または私立学校法第64条第４項の

　　規定により設立された法人で専修学校の設置を主たる目的とするもの

④ 　財産の贈与を受けた法人は，２年内に公益の用に供すること（措法70②）

3　適用を受けるための手続

　この非課税の特例を受けるためには，寄贈者の相続税申告書にその財産の明

細を記載するほか，寄付を受けた学校法人の受領証および所轄庁（大学設置法

人の場合は文部科学大臣，知事所轄法人は都道府県知事）の相続税非課税対象法人

であることの証明書を添付することが必要です。

4 学校法人の土地等の買取りと収用の特例

1 不動産を売却した場合の譲渡所得課税の原則

　個人や法人が土地や建物，山林などの不動産を売却した場合は，原則として
その売却益（譲渡所得，山林所得）に対して所得税もしくは法人税が課税されま
す（所法33①，同32①ほか）。

　個人や法人が学校法人に不動産を譲渡する場合も，原則では同様に課税され
るのですが，公共事業や学校法人の事業のような公益性の高い事業に供用する
ための譲渡については，次のような特例が認められています。

2 収用等の課税の特例

　公共事業の用に供するために資産を収用された場合の譲渡所得等については，
その資産の譲渡が公的な要請により所有者の意思に関係なく行われ，また，そ
の事業が公益性の高いものであることにかんがみ，税負担を軽減する課税の特
例が設けられています。この収用等の場合の課税の特例は，譲渡者が個人の場
合については租税特別措置法第33条から第33条の6に，譲渡者が法人の場合に
ついては租税特別措置法第64条から第65条の2に規定され，譲渡所得から代替
資産の取得価額相当分の控除または最大限5,000万円の特別控除を受けること
ができます。

　この特例が認められる収用とは，土地収用法第3条に掲げる事業のための収
用で，原則として，その事業について土地収用法の事業認定を受けたものが該
当します。

　学校法人が教育もしくは学術研究のための施設を建設するために土地等の譲
渡を受けた場合も，この土地収用法第3条に掲げる事業のための収用に該当す
る場合には，事業認定を受けることにより，譲渡者はこの課税の特例を受ける
ことができます（土地収用法3二十一，措法33，同64ほか）。

3　収用の特例を受けるための手続

　譲渡者が収用の課税の特例を受けるためには，その土地等の譲渡に先立ち，事業の認定を受ける起業者（譲受者としての学校法人）が，国土交通大臣または都道府県知事に対して所定の様式による事業認定申請書を提出し，土地収用法の事業認定を受けなければなりません。

［事業認定申請書の様式］

　　　　　　　　　　　　　　　　　　　　　　年　　月　　日

　　国土交通大臣（都道府県知事）殿
　　　　　　　　　起業者　住　　　所
　　　　　　　　　　　　　氏　名（名称）　　　　　印

　　　　　　　　事　業　認　定　申　請　書
　　土地収用法第16条の規定によって，下記により，事業の認定を受けたいので，申請いたします。
　　　　　　　　　　　　　記
　1　起業者の名称
　2　事業の種類
　3　起業地
　　イ　収用の部分
　　ロ　使用の部分
　4　事業の認定を申請する理由

添付書類
　一　事業計画書
　二　起業地および事業計画を表示する図面
　三　事業が関連事業にかかるものであるときは，起業者が当該関連事業

を施行する必要を生じたことを証する書面

　四　起業地内に土地収用法第４条に規定する土地があるときは，その土地に関する調書，図面および当該土地の管理者の意見書

　五　起業地内にある土地の利用について法令の規定による制限があるときは，当該法令の施行について権限を有する行政機関の意見書

　六　事業の施行に関して行政機関の免許，許可または認可等の処分を必要とする場合においては，これらの処分があったことを証明する書類または当該行政機関の意見書

　七　事業説明会の実施状況記載書と新聞公告の写し

　起業者は，土地収用法の認定を受けた後，土地等の売買契約書を作成する前に，事業説明書をもって所轄の税務署と事前協議を行い，税務署長の確認を得ることが必要です。

　このような手続きを経て売買契約書を締結した後，譲渡者に「公共事業用資産の買取り等の証明書」を交付します。譲渡者はこの「公共事業用資産の買取り等の証明書」によって，税務上の特例を受けることとなります。

4　高等学校，幼稚園についての特例

　収用等の課税の特例は，その事業について土地収用法の事業認定を受けたもののほか，土地収用法第３条に掲げる事業に供する資産のうち，その施行場所や区域が限定されるものおよびその事業の公益性がきわめて高く，その事業の早急な施行を必要とする特定のものについては，いわゆる特掲事業として，土地収用法の規定による事業認定がなくても収用等の課税の特例の適用を受けることができます（措施規14⑤三イ）。

　学校法人に関係するものとしては，「私立学校法第３条に規定する学校法人の設置に係る高等学校および幼稚園の施設に関する事業」が，この特掲事業とされています。これは，高等学校および幼稚園（子ども・子育て支援新制度の適用を受ける保育・教育施設を含む）は，私立学校への依存度が高く，したがって

その公益性が極めて高いものとされていることによります。

　これに該当する場合には，上記３で述べた手続のうち，国土交通大臣または都道府県知事に対する事業認定申請手続は不要となります。

　一方，小・中学校は義務教育であること，また，大学・短大は，一般に土地取得の目的が多様であることから，それぞれ公益性が高いことについては変わりありませんが，特掲事業には該当しないものとされ，収用等の課税の特例の適用を受けるためには土地収用法の事業認定を受けることが必要となります。

⑤　教育資金の一括贈与にかかる
贈与税の非課税制度

　平成25年４月から令和３年３月までの間に祖父母がその子・孫（30歳未満の者に限る。以下同じ）名義の預金口座等に教育資金として金銭等を預け入れ，贈与を受けた孫等が教育費を支出した場合に，学校等に直接支払われるものについては1,500万円まで，学校等以外に支払われるものについては500万円まで（合わせて1,500万円が限度）について贈与税を非課税とする制度です。

　学費等の納入者は，学校法人が発行した領収書等の金融機関への提出が適用要件とされる等，学校法人として適切な事務対応が要求される部分があります。

　なお，金融機関に提出する領収証等のうち記載額が１万円以下のものについては，年額24万円を限度として，領収証に代えて内訳明細書によることができることとされています。

　また，近時の税制改正により，受贈者に1,000万円の所得制限が設けられた（平成31年４月以後の贈与から適用）ほか，受贈者が23歳以上で学校等以外に支払われる教育費用については，教育訓練給付金の支給対象となるものに限ることとされています（令和元年７月以降の支払いから適用）。

　（参考：祖父母などから教育資金の一括贈与を受けた場合の贈与税の非課税制度のあらまし（国税庁　令和元年５月））

Ⅳ　学校法人における源泉所得税

1　所得税の源泉徴収制度のあらまし

> 　所得税の源泉徴収とは…給与や利子，配当，税理士報酬など特定の支払い（相手先の所得）について，その支払いの際に支払者が所得税を徴収し，原則としてその翌月10日までに納付する制度です。なお，平成25年1月1日から令和19年12月31日の間に生ずる所得については源泉所得税を徴収する際，所得税額の2.1％の復興特別所得税を併せて徴収・納付することとされています。
>
> 　学校法人も給与等の支払者として源泉所得税および復興特別所得税の納税義務者となることは，一般の会社等の場合と同じです。

1　所得税源泉徴収制度の意義

　所得税は，所得を得た者が税務署に税金を申告・納付する，いわゆる「申告納税制度」が建前とされていますが，これと併せて，**給与や利子，配当，税理士報酬など特定の所得については，その所得の支払の際に支払者が所得税を徴収して納付する源泉徴収制度**が採用されています。

　これは，給与や一定の報酬などを支払う法人（学校法人も含まれます）または個人が，その支払いを行う際に所定の方法により所得税額を計算し，支払金額からその所得税額を差し引いて国に納付するという制度です。

　なお，平成23年度税制改正において復興特別所得税が創設され，平成25年1月1日から令和19年12月31日の間に生ずる所得について源泉所得税を徴収・納付する際，所得税額の2.1％の復興特別所得税を併せて徴収し，納付することとされています。

　以下，断らないかぎり，所得税にはこの復興特別所得税を含むものとして説明します。

2　源泉徴収義務者

　源泉徴収制度においては，所得税を源泉徴収して国に納付する義務のある法人または個人を源泉徴収義務者といいます。源泉徴収の対象とされている所得の支払者は，それが会社や協同組合である場合はもちろん，学校法人，官公庁，また，個人や人格のない社団・財団であっても，基本的に全て源泉徴収義務者となります（所法6）。ただし，常時2人以下の家事使用人のみに対して給与等の支払をする個人が支払う給与等や退職手当等，税理士報酬などの報酬・料金等については，所得税を源泉徴収する必要はありません（所法184，同200，同204②二）。

3　源泉所得税の納付先

　源泉徴収義務者が源泉徴収した所得税は，その納税地（その給与等の支払事務を取り扱う事務所や事業所等の所在地）の所轄税務署に納付することとされています（所法17）。

4　給与支払事務所等の届出

(1)　「給与支払事務所等の開設届出書」の提出

　給与等の支払者は，法人の設立や，給与等の支払事務所の新設等をした場合には，その事実が生じた日から1か月以内に「給与支払事務所等の開設届出書」を，その給与支払事務所等の所在地の所轄税務署長に提出することになっています（所法230，所施規99）。

(2)　「給与支払事務所等の移転（廃止）届出書」の提出

　給与等の支払者は，解散や廃業，給与等の支払事務所の移転，閉鎖等をした場合には，その事実が生じた日から1か月以内に「給与支払事務所等の移転（廃止）届出書」を，その給与支払事務所等（移転前）の所在地の所轄税務署長に提出することになっています（所法230，所施規99）。

5　源泉徴収の対象となる所得の範囲

　源泉徴収の対象となる所得の主なものは，その所得の支払を受ける者の区分に応じて次の表のとおりとなっています。

支払を受ける者	源泉徴収の対象となる所得の主なもの
居　住　者	預貯金等の利子等，配当等，**給与等**，**退職手当等**，特定の報酬料金等
（内国）法人	預貯金等の利子等，配当等
非居住者	預貯金等の利子等，配当等，**給与等**，**退職手当等**，人的役務提供の対価（以上，すべて日本国内に所得の源泉があるもの）

（注）　居住者および非居住者の定義については，実務ポイント〔Q27〕参照。

6　主な所得の源泉徴収税額

(1)　給与所得…給与等支給額（社会保険料等（私学共済組合掛金，雇用保険料等の個人負担分）控除後，また通勤手当は一定額まで非課税）に給与所得の（または賞与の）源泉徴収税額表を適用して求めます。給与所得の源泉徴収税額表には月額表，日額表があり，それぞれ甲欄，乙欄等の区分があります。なお，給与所得の源泉徴収税額表甲欄適用者については，給与の年額が2,000万円を超える場合を除き，原則として年末調整手続が必要となります（所法190）。

(2)　退職所得…特殊な場合を除き，退職金支給額から下表の退職所得控除額を控除した残額の2分の1の額（勤続5年以下の役員の退職金の場合は2分の1の適用なし）に，所得税の年税額表を適用して求めます（所法22③ほか）。

勤続年数	退職所得控除額
20年以下	40万円×勤続年数
20年超	800万円＋70万円×（勤続年数－20年）

（注）　計算した退職所得控除額が80万円未満の場合は80万円とする。

　なお，上記は本人から「退職所得の受給に関する申告書」を受領して

いる場合の扱いであり，この提出がない場合は，一律に退職金支給額×20.42％の所得税を徴収することとされているので留意が必要です。

(3) 報酬料金等…所得税法204条に列挙されたもののみが源泉徴収の対象となり，また，報酬の種類ごとに，税額の算定式が定められています。たとえば講演料の報酬については支払額×10.21％（ただし，1人への1回の支払額が100万円を超える場合は，その超える部分については20.42％）の所得税を徴収することとされています。なお，支払額に消費税が含まれている場合，原則として税込み額が源泉徴収の対象となりますが，請求書上で消費税が区分されている場合には税抜き額を源泉徴収の対象として差し支えありません（所得税個別通達　平元直法6-1，平26課法9-1改正）。

7　源泉徴収をする時期

所得税の源泉徴収をする時期は，源泉徴収の対象となる所得を支払う時です。したがって，これらの所得を支払うことが確定していても，現実に支払われなければ原則として源泉徴収をする必要はありません。ただし，配当等および役員賞与については，現実に支払っていない場合でも，一定期間が経過した日（たとえば役員賞与については支払うことが確定してから1年が経過した日）に支払ったものとみなされ，源泉徴収をしなければならない扱いがあります（所法181②，同183②，同212④）。

8　源泉徴収をした所得税の納付

(1)　納付期限

源泉徴収義務者が源泉徴収をした所得税は，原則として，その源泉徴収の対象となる所得を**支払った月の翌月10日までに所轄税務署に納付しなければ**ならないこととされています（所法181ほか）。なお，「給与所得，退職所得等の所得税徴収高計算書（納付書）」は納付する税額がない場合にも提出する必要があります（所施規別表三（三）備考17）。

(2)　納期の特例

　給与等の支給人員が常時10人未満である源泉徴収義務者については，所轄税務署に「源泉所得税の納期の特例の承認に関する申請書」を提出してその承認を受けることにより，給与等，退職手当等および税理士等の報酬・料金について源泉徴収した所得税を次のように**年2回にまとめて納付する**，納期の特例の制度が設けられています（所法216，同217）。

期間区分	納付期限
1月から6月の間に源泉徴収した所得税	翌7月10日
7月から12月の間に源泉徴収した所得税	翌年1月20日

　上記の承認申請書を提出した日の属する月の翌月末日までに税務署長から承認または却下の通知がない場合には，その申請月の翌月末日において承認があったものとされ，その申請月の翌々月の納付分からこの特例が適用されます（所法216，同217⑤）。

　なお，納期の特例の適用が受けられる源泉所得税は，次に掲げるものに限られます（所法216）。

①　給与等および退職手当等（非居住者に支払ったこれらのものを含みます。）について源泉徴収した税額

②　弁護士，司法書士，土地家屋調査士，公認会計士，税理士，社会保険労務士，弁理士，海事代理士，測量士，建築士，不動産鑑定士，技術士等に支払った所得税法第204条第1項第2号に掲げる報酬・料金について源泉徴収した税額

9　個人住民税の特別徴収

(1)　給与等からの個人住民税の特別徴収

　給与等を支払う者は，原則としてその支払い時に，上記の源泉所得税とともにその給与の受給者の住民税（標準税率：都道府県民税4％および市区町村民税6％）を徴収，納付しなければなりません。これを住民税の特別徴収とい

い，その給与等を支払う者を特別徴収義務者といいます（地法41，同321の３）。

特別徴収義務者は，毎年１月末日までに，その前年に支払った各人ごとの給与等について，受給者の居住市区町村に「給与支払報告書」を提出し，受給者の居住市区町村は，これに基づいて，特別徴収義務者に対し特別徴収税額の通知書を送付します。特別徴収義務者は，その年の６月から翌年５月までの間に支払う給与等から，各受給者について通知された住民税額の12分の１の額を各月に徴収し，翌月10日までに受給者の居住市区町村に納付する義務を負います。（個人住民税は前年の所得に対して課税するしくみです）

個人住民税の特別徴収についても，小規模の場合の納期の特例制度があります。また，受給者の退職時には，徴収残額について特別な扱いがありますので，受給者の居住市区町村に異動届出書を遅滞なく提出することが必要です。

なお，報酬の支払については，個人住民税の特別徴収制度の適用はありません。

(2)　退職所得に対する個人住民税の特別徴収

退職手当を支払う者は，原則として，その退職所得にかかる住民税を徴収し，その翌月10日までに受給者の居住市区町村に納付しなければなりません（地法328の５ほか）。

② 所得税の源泉徴収にかかる最近の税制改正

1　非居住者である扶養親族の関係書類の提出

非居住者である扶養親族について扶養控除等を受ける場合，その親族について親族関係書類および送金関係書類（外国語によるものは訳文添付が必要）を給与支給者に提出または提示しなければならないこととされました。

（平成28年１月１日以後の給与等について適用）

2　配偶者控除および配偶者特別控除の見直し

　年所得金額が1,000万円を超える者について配偶者控除が適用されなくなるとともに，年所得金額が900万円を超える場合の控除額が段階的に減額されることとなりました。

　また，配偶者特別控除の対象となる配偶者の年所得金額を38万円超123万円以下（改正前は38万円超76万円未満）とし，控除額についても配偶者控除に準じた見直しが行われました。なお，これらの見直しに伴い，扶養控除等申告書等の記載事項が改正されました。（平成30年分以後の所得税について適用）

3　配偶者控除適用の見直し

　源泉控除対象配偶者には夫婦のいずれか一方しかなれないこと等とされました。（令和2年分以後の所得税について適用）

4　給与所得控除，基礎控除等の見直し

⑴　給与所得控除額が一律10万円引き下げられ，また，給与等の収入年額が850万円を超える場合の給与所得控除額が195万円の定額（上限額）とされました。

　なお，23歳未満の扶養親族がある等の場合は，給与等の収入年額850万円～1,000万円部分について10％の調整控除が設けられています。

⑵　扶養控除および配偶者控除等を受けるための扶養親族および配偶者の合計所得要件が，一律10万円引き上げられました。

⑶　基礎控除額が一律10万円引き上げられ，また，合計所得（年額）が2,500万円を超える場合は適用されないこととなりました。なお，合計所得（年額）2,400万円～2,500万円の区分で段階的に適用額が減少します。

（各々令和2年分以後の所得税について適用）

5　ひとり親控除の創設と寡婦（寡夫）控除の見直し

①　子を持つ未婚の親（事実婚の状況にある者を除く）で合計所得が500万円以

下である場合，35万円の所得控除（ひとり親控除）ができることとされました。

② 寡婦控除のうち，扶養親族を有する場合でも合計所得が500万円超である場合は対象外となり，また，子を持つ寡婦・寡夫については35万円の所得控除ができることとされました。

（各々令和2年分以後の所得税について適用。なお，令和2年分については年末調整時から適用）

6 非居住者である扶養親族の範囲の見直し

① 30歳以上70歳未満の非居住者である扶養親族は，次の者を除き扶養控除の対象から除外されました。

　i 留学により非居住者となった者

　ii 障害者

　iii 適用を受ける居住者から年38万円以上の生活費または教育費を受けている者

② 上記 i または iii に該当する者につき扶養控除の適用を受けようとする居住者本人は，源泉徴収時または年末調整時に，要件を満たすことを証する書類を提出または提示しなければならないこととされました。

（令和5年分以後の所得税について適用）

上記1～6の各改正のうち，所得や所得控除にかかるものについては，住民税についてもこれに準じた改正がされています。

③　所得税の源泉徴収に関する実務ポイント

Q1 復興特別所得税の扱い

　平成25年1月分以後の給与や報酬については復興特別所得税が課税されていますが，税額の具体的な計算方法はどのようになりますか。

Answer

　平成25年1月から令和19年12月までに支払われる給与や報酬等については，通常の所得税に加えて，その税額の2.1%の復興特別所得税を徴収・納付しなければならないこととされていますが，源泉徴収の具体的な扱いは次のとおりです。

　給与については，国税庁より，復興特別所得税相当額を含んだ税額表として，「令和〇年分源泉徴収税額表」が公表されていますので，この税額表によって源泉徴収・納付することで足ります。

　また，報酬については，以下に源泉所得税率が10%の場合の計算例を示します。

　　支払金額　　　　　　　　　　　　　　　　157,700円
　　復興特別所得税を含む合計税率　　　10%×102.1%＝10.21%
　　源泉徴収税額　　157,700×10.21%＝16,101.17 →16,101円

　　　　　　　　　　　　　　　　　　　　　（円未満切捨て）

Q 2 給与か，報酬か

事務や教務の業務を外部へ委託する場合，給与となるのか，報酬となるのかは，どのように判断したらいいでしょうか。

Answer

　ある役務の提供の対価が，給与であるか報酬であるかは，その役務の提供が，雇用契約またはそれに類する契約に基づいて提供されるものであるのか，委託契約等に基づくものであるのか，によって判断されますが，それはあくまで実態判断の問題です。その役務提供が，学校の指示・命令に従って行われる面が強ければ，雇用（給与）と判定されるでしょうし，一方，その役務提供者の主導・責任のもとに行われる面が強ければ，委託（報酬）と判定されることになります（受領した人にとっては，給与は給与所得，報酬は事業所得または雑所得となります）。

　これは，書面としての契約書の記載にかかわらず，実態で判断されますが，状況が微妙な場合には，契約書も重要な判断要素となります。

　給与であれば，給与としての所得税の源泉徴収が必要となり，また，報酬であれば，提供する役務の内容によって所得税の源泉徴収が必要とされるものがあります。

　なお，会社等法人に支払うものは給与とはなりません。

〔他税目の扱いと留意点〕

　消費税…給与は，事業者が行う役務の提供対価ではありませんから，消費税は不課税（対象外）となります。また，業務を外部へ委託する場合は，受託者は消費税法上の事業者であり，その報酬の授受は課税取引となります。給与か報酬かの判定は，消費税法上も，実態を総合

判断して行います（消法2①三，消基通1－1－1）。

印紙税…雇用契約書は印紙税の課税文書には該当しません。一方，業務委託
　　　契約書のうち契約内容が請負であるあるものは課税文書に該当しま
　　　す（印法別表第一－二）。

Q3　兼務教員の給与と源泉税額表甲欄の適用

　当学園では，非常勤の講師を十数名採用し，給与は月ごとに支給して
います。所得税の源泉徴収については，ある者は扶養控除申告書を提出
した上で源泉所得税の税額表（月額表）甲欄を適用し，比較的従事時間
が少ない別の者については源泉所得税の税額表（月額表）乙欄を適用し
ていますが，これでいいでしょうか。

Answer

　給与の支給を受ける者は，非常勤等で特定の場合を除き，給与を支払
う者に対して扶養控除等申告書を提出することにより源泉所得税の税額
表（月額表）甲欄が適用されますが，給与を2か所以上から受給する者は，
扶養控除等申告書をそのうちの1か所にしか提出できないこととされて
おり，扶養控除等申告書を提出しない方の給与については税額表（月額
表）乙欄が適用されることとなります（所法194①，同185①二）。

　したがって，扶養控除等申告書を提出できるか否かは，勤務時間の長
短ではなく，給与を他の支払者から受けているか否かによることになり
ますので，質問のケースでは，従事時間が少ないとの理由で源泉所得税
の税額表（月額表）乙欄を適用している者でも，扶養控除等申告書が提
出できる者については税額表（月額表）甲欄を適用することができます。

Q4 教職員の出張手当，日当等

教職員の出張手当，日当，出張旅費については，出張旅費規程に定め，それにしたがって支給することとしていますが，源泉所得税はどのように扱えばいいのでしょうか。

Answer

教職員の出張手当，日当，出張旅費については，それが合理的な額として定められた旅費規程等にしたがっており，かつ，通常必要な範囲内の額であれば，所得税の源泉徴収の必要はありません（所法9①四）。

〔他税目の扱いと留意点〕

消費税…出張手当，日当，出張旅費は，国内出張で，かつ，通常必要であると認められるものであれば，課税仕入れとなります（消基通11-2-1）。

Q5 給与改定差額に対する源泉徴収

当法人は，今年9月に給与規程を改定し，今年の4月に遡って適用することになりました。この改定に伴うベースアップの差額は，9月25日に9月分給与とともに支給することになっています。この場合の各月の給与の源泉徴収は，4月から8月までの分についてはそれぞれの月に支払った給与に加算して税額計算を再度行うことになるのでしょうか。

─ *Answer* ─

　給与規程の改定が過去の月に遡って適用される場合の，過去の期間に対応して支払われる新旧給与の差額は，支給日として定められた日（支給日が定められていないものについては，その改定の効力が生じた日）に支給されたものとして扱うこととされます。

　また，その税額の算定は，その日に支給された給与または賞与の扱いによるものとされています（所基通36－9⑶，同183〜193共－5）。

　したがって，質問のベースアップ差額は，本年9月分の給与または賞与となり，9月に支払う普通の給与と合算したところにより給与としての源泉徴収税額を計算するか，または，9月に支給された賞与として源泉徴収税額を計算することになります。

Q6　学生アルバイト料について

　当法人では，事務繁忙期の補助業務に，学生アルバイトを採用することを検討しています。一般に学生アルバイトの給与の源泉所得税はどのように扱われるのでしょうか。

─ *Answer* ─

　あらかじめ2か月以内の期間を定めてアルバイトを採用し，時間単位または日単位で料金を支払う場合のその料金は給与に該当し，源泉所得税の徴収は，日額表丙欄によります（所法185①三，所基通185－8）。また，期間が2か月を超える場合は，日額表甲欄または乙欄によります（所法185①一，二）。扶養控除等申告書を提出していれば日額表甲欄，提出が

なければ乙欄によることになります。乙欄による税額は甲欄より高く年末調整も行われないため，その学生に相当な金額のアルバイト収入（年額）や他の所得（年額）がないなどで税額の還付を受けたい場合，確定申告によらなければ還付を受けられないことになりますので，扶養控除等申告書が提出できない状況（他の勤務先に提出済みなど）がない限り，できるだけ扶養控除等申告書を提出させて，甲欄を適用することがいいでしょう。なお，扶養控除等申告書は，控除対象となる扶養家族がないなど記載内容が簡素な場合は，通常の書式によらず，簡易な書式でかまいません。

Q 7　新幹線通勤者に支給する通勤手当

当学園の教員の中には，通勤にＪＲ在来線を利用すると長時間かかるため，通勤経路の一部に新幹線を利用している者がおり，新幹線の運賃相当額も含めた額を通勤手当として支給することとしていますが，これについても通常に通勤手当の非課税の判定をして差し支えないでしょうか。

Answer

一定の限度額まで非課税とされる通勤手当とは，その者の通勤に係る運賃，時間，距離等の事情に照らし最も経済的かつ合理的と認められる通常の通勤の経路及び方法による運賃等の額をいい，これには，それによる通勤が合理的と認められるかぎり新幹線の利用運賃も含まれるものとされています（所法９①五，所施令20の２，所基通９－６の３）。

　したがって，質問のように新幹線を利用して通勤する者に新幹線の運賃を含めた額を通勤手当として支給した場合も，その新幹線通勤が合理的であるかぎり，通勤手当の非課税の扱いが認められます。

　ただし，いわゆるグリーン料金等の特別車両料金については，この最も経済的かつ合理的と認められる運賃等の額には含まれません（所基通9－6の3（注））。

〔他税目の扱いと留意点〕

消費税…通勤手当は，新幹線の利用を含め，その通勤に通常必要であると認められるものであるかぎり，所得税の課否に関係なく課税仕入れとなります（消基通11－2－2）。

Q8　非常勤役員に対する役員手当等

　非常勤の役員に対する役員手当と交通費については，役員報酬規程および旅費規程に定め，それにしたがって支払うこととしていますが，源泉所得税はどのように扱えばいいのでしょうか。

Answer

　非常勤の理事や監事に対する役員手当は，給与（月額表乙欄で所得税を源泉徴収）として扱うことになります。また，役員手当とは別に交通費を支給する場合は，それが合理的な額として定められた旅費規程等にしたがっており，かつ，通常必要な範囲内の額であれば源泉徴収の必要はありません（所基通9－5）。

この扱いは，非常勤の評議員に支給する手当や交通費についても同様です。

〔他税目の扱いと留意点〕

消費税…役員手当や評議員手当は給与であり，事業者が行う役務の提供対価ではありませんから，消費税は不課税（対象外）となります（消法2①三）。また，非常勤役員，評議員の出勤のための交通費は，その通勤に通常必要であると認められるものであるかぎり，課税仕入となります（参考：消基通11－2－2）。

Q 9 　非常勤役員等の出勤交通費

　当学校法人では，旅費規程に基づき，非常勤の理事，監事および評議員に対して，理事会，評議員会開催の都度，その出席者に各手当とは別に旅費を支給しています。

　このような旅費は，自宅から勤務先までの通勤手当として扱い，通勤手当の非課税限度額を超える部分について給与として課税すればいいのでしょうか。

― *Answer* ―

　給与所得者で常には出勤を要しない役員，顧問，相談役，参与などに対し，勤務する場所に出勤するために必要な旅費，宿泊料などの支出に充てるものとして支給される金品で，社会通念上合理的な理由があると認められるものについては，その出勤のために直接必要であると認めら

れる部分に限り，旅費に準じて課税しなくても差し支えないとされています（所法9①四，所基通9－5）。

　したがって，質問の旅費については，通勤手当の非課税限度額の規定とはかかわりなく，その出勤のために必要なものであれば，非課税として差し支えありませんが，不相当に高額な場合には，通常必要とされる範囲を超える部分は給与とされますので，注意が必要です。

　なお，非常勤の校医などについても上記と同様に取り扱われますが，弁護士等の外部者に特定の業務を委託するような場合の交通費については，交通機関に直接支払うものでなければ報酬に含まれることとされますので，これも注意が必要です（所法9①四，所基通204－2）。

〔他税目の扱いと留意点〕

消費税…役員手当や評議員手当は給与であり，事業者が行う役務の提供対価ではありませんから，消費税は不課税（対象外）となります（消法2①三）。また，非常勤役員，評議員の出勤のための交通費は，その通勤に通常必要であると認められるものであるかぎり，課税仕入となります（参考：消基通11－2－2）。

Q 10　パートタイマーやアルバイトの通勤費

　当学園では，付随的な事務については随時，パートタイマーやアルバイトを採用しており，給料および通勤費（実費相当額）を支払っていますが，この通勤費については，通勤手当の非課税の扱いが受けられるでしょうか。

　通勤手当の非課税の扱いは，パートタイマーやアルバイトについても適用があります。通勤手当の非課税限度額は，各人別に１か月当たりで計算することになっていますので，勤務日数・勤務時間が少ないこれらの人の通勤費についても，各人の１か月分の非課税限度額によって判定することができます。

　ただし，常勤者であるか，パートタイマーおよびアルバイトであるかを問わず，通勤費について非課税の適用を受けるためには，給与明細書等で給料と通勤費を明確に区分して支給する必要があります（所法9①五，所施令20の2）。

〔他税目の扱いと留意点〕

消費税…給与は，事業者が行う役務の提供対価ではありませんから，消費税は不課税（対象外）となります（消法2①三）。また，通勤手当は，その通勤に通常必要であると認められるものであるかぎり，所得税の課否に関係なく課税仕入れとなります（消基通11-2-2）。

Q11　源泉徴収税額表の使い方

源泉徴収税額表の使い方の留意点を示してください。

　源泉徴収税額表は，給与および賞与について源泉徴収すべき税額（復興特別所得税額を含みます）を求める場合に使用します。

1　「給与所得の源泉徴収税額表」の使い方
　(1)　月額表と日額表があり，各々該当する者につき，甲欄適用者については社会保険料（共済組合掛金や雇用保険料の個人負担分）控除後の給与額ごとに扶養親族の数に応じた税額が定められています（税率を用いて計算するものについては円未満切捨て）。
　(2)　乙欄適用者および日額表の丙欄適用者については社会保険料（共済組合掛金や雇用保険料の個人負担分）控除後の給与額に応じた税額が定められています（税率を用いて計算するものについては円未満切捨て）。

2　「賞与に対する源泉徴収税額の算出率の表」の使い方
　(1)　甲欄適用者については，賞与支給日の前月の社会保険料（共済組合掛金や雇用保険料の個人負担分）控除後の給与額について扶養親族の数に応じた区分が設定されており，その各区分ごとに税率が定められています。
　　(注)　乙欄適用者については扶養親族の数に応じた区分はなく，賞与支給日の前月の社会保険料控除後の給与額の区分ごとに税率が定められています。
　(2)　つぎに社会保険料控除後の賞与支給額に上記で求めた税率を乗じて税額を求めます（円未満切捨て）。

3　退職所得の源泉徴収税額の求め方
　(1)　退職所得については，まず「源泉徴収のための退職所得控除額の表」により，退職所得控除額を求め，退職金支給額からこれを差引いた額に2分の1を乗じて課税退職所得を算出します（千円未満切捨て）。
　　(注)　特定役員退職手当については2分の1の計算は適用されません。
　(2)　つぎに，課税退職所得に「退職所得の源泉徴収税額の速算表」（復興特別所得税を含む年税額の税率表です）を適用して源泉徴収税額を求めます（円未満切捨て）。

Q 12　経済的利益にかかる源泉所得税の扱い

　役員や教職員に，物品などを無償で供与したり安価で販売したりした
場合，その物品の本来の価額（時価）またはその価額と実際に販売した
価額との差額が，いわゆる経済的利益として給与所得課税の対象とされ
るとのことですが，すべて課税の対象とされるのでしょうか。また，ほ
かにも，経済的利益とされるケースは種々あるようですが，これらもす
べて課税の対象となるのでしょうか。

Answer

　一般に所得税の対象となる所得金額の計算上，収入金額には，金銭で
受領するものに限らず，金銭以外の物や権利，その他経済的利益を収受
する場合も含まれるものとされています。

　したがって，役員および教職員に対する給与所得の収入金額には，通
常の給与のほか，現物で支給した給与などのいわゆる経済的利益も含ま
れ，原則として所得税の源泉徴収の対象としなければなりません。

　一例を示せば，次のようなものがあります（所基通36−15）。

　(1)　物品などを無償または低い価額により譲渡した場合の，その物品
　　　などのその時における価額（無償譲渡の場合），またはその価額とそ
　　　の販売対価（低価）との差額に相当する利益（低額譲渡の場合）

　(2)　土地，家屋，金銭等を無償または低い対価で貸し付けた場合の，

　　　通常支払うべき賃料・利子の額（無償貸付けの場合），またはその通
　　　常支払うべき賃料・利子の額と実際の賃料・利子（低価）との差額
　　　に相当する利益（低価・低利貸付けの場合）

(3)　福利厚生施設の利用など上記(2)以外の用役を無償または低い対価
　　で提供した場合の，通常の料金等の額（無償供与の場合），またはそ
　　の通常の料金と実際の料金との差額に相当する利益（低価で供与した
　　場合）

(4)　個人的債務を免除または負担した場合の，その免除・負担額に相
　　当する利益

　　ただし，給与受給者がその雇用先から受ける金品や経済的利益のなか
には，職務遂行上の必要性から支給されるものや，受給者側に物品など
の選択の余地がないものなどがあり，一定の要件に該当する場合は非課
税とされています。その概要を示せば次のとおりです。

経済的利益の種類	非課税となる範囲	留　意　点
通勤手当	非課税限度額（最高限度150,000円，詳細規定あり）以下のもの	通勤手段，距離等に応じた非課税限度額規定あり
旅　　費	出張旅費，着任・転任等の旅費	通常，必要と認められるものであること
宿日直料	1回あたり4,000円以下のもの（食事代込みで）	本来の勤務時間として従事する場合等は課税
食事の支給	・学校が，1人あたり月3,500円（消費税抜）以下かつ食事代月額の50％以下の負担をした場合のその負担額 ・残業・宿日直者の食事	非課税の範囲を超えた場合は学校負担額の全額が課税される
交際費	業務のために使用した事績が明らかなもの	
慶弔金等	社会通念上相当と認められるもの	非課税の範囲を超えた場合はその全額が課税される

203

永年勤続記念品	勤続10年以上，以後は５年以上の間隔で支給され，かつ社会通念上相当と認められるもの	旅行，観劇等を含む一方，非課税の範囲を超えた場合はその全額が課税される
創業記念品等	おおむね５年以上の期間ごとに支給され，10,000円（消費税抜）以下のもの	非課税の範囲を超えた場合はその全額が課税される
金銭の無利息・低利貸付け	・災害時等の貸付け ・貸付け者（学校）の平均調達金利による貸付け ・通常利率で算定した利息が年5,000円以下のもの	非課税の範囲を超えた場合はその全額が課税される
住宅の貸付け（いわゆる社宅）	一定の算式による家賃以上の家賃を徴収する場合	役員の場合と教職員の場合の別に，それぞれ非課税となる家賃の算式あり
その他	業務に直接必要な学資金，休業補償，葬祭料，在外手当	
	福利厚生施設の使用，レクリエーション費用の負担でそれぞれ社会通念上相当と認められるもの	非課税の範囲を超えた場合はその全額が課税される

　なお，上記非課税の扱いはあくまでも給与を受給する役員や教職員に対するものですから，例えば人材派遣会社からの派遣職員等には適用がないことに注意が必要です。

〔他税目の扱いと留意点〕

消費税…教職員への経済的利益は所得税の課否にかかわらず給与であり，事業者が行う役務の提供対価ではありませんから，消費税は不課税（対象外）となります（消法２①三）。

　　　　一方，支給する物品や食事等の購入代金については，それらが課税仕入れに該当するものであれば，仕入税額控除の対象となります。

Q 13　慶弔金の扱い

　当法人では，慶弔見舞金規程を定め，教職員の慶弔に際しては，次のように結婚祝金，出産祝金，香典，傷病見舞金を支給することにしています。これら慶弔金についても所得税を源泉徴収しなければならないでしょうか。

① 　結婚祝金…本人の結婚時10,000円

② 　出産祝金…本人の子の出産時5,000円

③ 　香典…本人の場合20,000円（及び生花），配偶者の場合10,000円（及び生花），一親等親族の場合5,000円（及び生花）

④ 　傷病見舞金…本人の２週間以上の就床加療時5,000円

Answer

　教職員の慶弔に際して支給する祝金，祝品，見舞金および見舞品は，教職員としての地位に基づいて支給されるものですから，原則的にはこれらの金品も給与となり，所得税の源泉徴収の対象となります。

　ただし，これらの金品の給付は，社会一般に儀礼として行われているものなので，その金額がその人の地位等からみて社会通念上相当と認められるものについては，所得税の課税対象としなくて差し支えないこととされています（所法９①十七，所施令30三，所基通９－23，同28－５）。

　課税を要しない社会通念上相当と認められるものとはどの程度の金額までをいうのか，については，一概にはいえませんが，支給を受ける人の職制上の地位や社会的地位などを考慮して判定することになります。また，職制上の地位や勤続年数等によって階差を設ける場合も，それぞれの支給額が社会通念上相当と認められる範囲内のものであれば，非課税として扱って差し支えないでしょう。

質問の場合は，一般に社会通念上相当と認められる範囲に含まれると判断されますので，所得税の源泉徴収の必要はないものと考えられます。

〔他税目の扱いと留意点〕

消費税…上記の祝金，見舞金は，資産の譲渡等の対価として支払われるものではありませんから，消費税は課税対象外となります（消法２①八，消基通５－１－２）。生花などの祝品，見舞品の購入は，その物品が課税仕入れに該当するものであれば，仕入税額控除の対象となります（参考：消基通11－２－17）。

Q 14 創立記念慰労金

本学園では創立50周年を記念して，功労のあった元役員，現役員ならびに現教職員に対して記念慰労金を支給することとしました。これについては所得税の源泉徴収の必要があるでしょうか。

Answer

現職の役員および教職員が受領する記念慰労金は給与（賞与）に該当し，源泉徴収の必要があります。また，元役員が受領する記念慰労金は一時所得に該当するものと考えられますので源泉徴収の必要はありませんが，金額によっては受給者において所得税の確定申告が必要になる場合があります（参考：所基通36－22，所法34）。

〔他税目の扱いと留意点〕

消費税…現職の役員および教職員が受領する記念慰労金（給与）は不課税と
　　　されます。また，元役員が受領する記念慰労金は，資産・役務の譲
　　　渡の対価に該当しませんので，これも不課税となります（参考：消
　　　基通 5 - 2 -14）。

Q 15　永年勤続者に支給する表彰記念品

　当法人では，慶弔金規程により，勤続10年，20年および30年の教
職員に下記のように表彰金および記念品を支給することにしていますが，
所得税の源泉徴収の対象としなければならないでしょうか。

勤続年数	表彰金	記念品
10年	10,000円	5,000円相当のもの
20年	20,000円	10,000円相当のもの
30年	30,000円	20,000円相当のもの

Answer

　永年勤続者に対する記念品等の支給も，雇用者から受ける給与である
ことには違いありませんが，社会一般に行われる一種の儀礼的な給付で
あることから，課税上弊害のない範囲内で，課税の対象としなくてよい
こととされています。

　具体的には，永年にわたり勤務した役員や使用人（教職員）の表彰に
当たり，その記念として旅行，観劇等に招待したり，記念品を支給する
ことによりその役員や使用人が受ける経済的利益で，次に掲げる要件の

いずれにも該当するものは，課税の対象としなくて差し支えありません（所基通36-21）。

 (1) その利益の額が，その役員または教職員の勤続期間等に照らし，社会通念上相当と認められること

 (2) その表彰が，おおむね10年以上勤続した人を対象とし，かつ，2回以上表彰を受ける人については，おおむね5年以上の間隔をおいて行われること

 この永年勤続者に支給する記念品などの非課税の扱いは，金銭で支給されるものは含まれていませんので，質問の表彰金については，給与として所得税の源泉徴収の対象としなければなりません（所基通36-21カッコ書）。

 なお，質問の記念品の支給については，表彰金の額と合わせても勤続期間等からみて社会通念上相当と認められますので，課税対象としなくて差し支えありません（記念品が商品券等である場合を除く）。

〔他税目の扱いと留意点〕

消費税…上記の表彰金支給は，資産の譲渡等の対価として支払われるものではありませんから，消費税は課税対象外となります（消法2①八，消基通5-1-2）。また，記念品の支給は無償であり，対価を得て行う資産の譲渡等ではありませんから課税売上とはならず，消費税は課税対象外となります。役員に対する資産の贈与は，消費税の課税対象とされる扱いがありますが，上記のように所得税が非課税とされるものについては，この扱いを適用しなくてよいこととされています（消法4⑤二，消基通5-3-5（注））。

 一方で，記念品の購入については，その物品が課税仕入れに該当するものであれば，仕入税額控除の対象となります（参考：消基通11-2-17）。

Q 16　役職等により支給基準が異なる永年勤続表彰記念品

　当法人では，永年勤続者に対して，次の支給基準により記念品を支給することとしていますが，給与として課税の対象としなくていいでしょうか。

（記念品の支給基準）　　　（役　員）　　　　　　（教職員）

勤続年数10年　　　　５万円相当のもの　　　２万円相当のもの

勤続年数20年　　　　10万円相当のもの　　　５万円相当のもの

勤続年数30年　　　　20万円相当のもの　　　10万円相当のもの

（役員であるか否かは，支給時の地位で判定します）

Answer

　永年勤続者に対する記念品等の支給も，雇用者から受ける給与であることには違いありませんが，社会一般に行われる一種の儀礼的な給付であることから，社会通念上妥当なものについては，課税所得としなくてよい扱いとされています。

　すなわち，記念品等の支給が，おおむね10年以上勤続した人を対象とし（その後は５年以上の間隔をおいて行われること），過大なものでなく，また恣意的な基準による支給でない限り，その支給によって受ける経済的利益は課税の対象となりません（所基通36－21）。

　ただし，永年勤続の表彰ということであれば，本来，同一の勤続年数の者については，役員であると否とを問わず同一の基準によって記念品等を支給するのが合理的であるところ，質問の場合は，支給時点で役員であることによって支給金額に差が設けられていますので，役員に対する支給は，永年勤続としては合理的な基準によるものとはいえないものと判断されるおそれがあります。このような場合は，役員に支給された

ものについては，その全額がその役員に対する給与（賞与）として源泉
徴収を要することとされてしまいますので，注意が必要です。

　なお，教職員に支給された記念品については，社会通念上相当と認め
られますので，課税しなくて差し支えありません（記念品が商品券等であ
る場合を除く）。

〔他税目の扱いと留意点〕

消費税…上記の記念品支給は，対価を得て行う資産の譲渡等ではありません
　　　から，教職員に支給されるものについては消費税は課税対象外とな
　　　ります。役員に対する資産の贈与は，消費税の課税対象とされる扱
　　　いがありますが，所得税が非課税とされるものについては，この扱
　　　いを適用しなくてよいこととされています（消法4⑤二，消基通5－
　　　3－5（注））。したがって，上記で所得税が非課税とならない役員
　　　に対する記念品の支給については，学校法人の課税売上に含めなけ
　　　ればなりません。一方で，記念品の購入は，教職員に対するものも
　　　含め，その物品が課税仕入れに該当するものであれば，仕入税額控
　　　除の対象となります（参考：消基通11－2－17）。

Q 17　永年勤続者に対する旅行招待

　当学園では，永年の勤続を表彰する意味で，勤続20年の教職員に対し一人当たり10万円，30年の教職員に対し一人当たり15万円相当の旅行ギフト券を支給することとしています。

　永年勤続者の表彰として旅行に招待する場合は課税の対象としなくてよいそうですが，当学園のように旅行ギフト券を支給した場合も同様に考えていいでしょうか。

Answer

　永年勤続者を旅行に招待した場合，おおむね10年以上勤続した人を対象とし（その後は5年以上の間隔をおいて行われること），かつ，過大なものでない限り，その支給によって受ける経済的利益は課税の対象となりません（所基通36-21）。

　質問の場合も，勤続20年および30年の者を対象とし，社会通念上妥当な額であると思われますので，永年勤続者を旅行に招待することによる経済的利益については課税の対象としなくてよいことになりますが，留意したいのは，この非課税の扱いは金銭（商品券のように換価が容易なものを含む）による支給には適用されない点です（所基通36-21カッコ書）。

　質問の場合，旅行ギフト券を支給していますので，非課税の扱いを受けるには，その旅行ギフト券が実際に旅行費用に充てられたことを明らかにする証拠資料の受領・保管が必要となります。たとえば支給を受けた者から旅行費用の請求明細書（支払先，旅行者，旅行日，旅行先，支払額等を記載したもの）などの証憑を徴取しておくことが必要でしょう。

〔他税目の扱いと留意点〕

消費税…上記の旅行ギフト券の支給は，対価を得て行う資産の譲渡等ではありませんから，消費税は課税対象外となります（消法2①八，消基通5−1−2）。また，役員に対する資産の贈与は，消費税の課税対象とされる扱いがありますが，所得税が非課税とされるものについては，この扱いを適用しなくてよいこととされています（消法4⑤二，消基通5−3−5（注））。一方で，旅行ギフト券の購入については，受給者が給与課税されないものであれば，原則として旅行の実施時に仕入税額控除の対象となりますが，給与課税される場合は課税仕入れに該当せず，仕入税額控除の対象とはなりません（参考：消基通11−2−17，同11−3−7）。

Q 18　創立記念品の支給

　当法人では，このほど創立30周年を迎え，記念式典を行うとともに，全役員ならびに教職員に，記念品として購入価額5,000円の置時計（学園創立30周年記念のマーク入り）を支給したいと考えていますが，これは給与として源泉徴収の対象としなければならないでしょうか。

Answer

　創業（創立）記念で支給する記念品については，次に掲げる要件をすべて満たしていれば，給与として課税しなくてもよいことになっています（所基通36−22）。

　(1)　支給する記念品が社会一般的にみて記念品としてふさわしいもの

であること
(2)　記念品の処分見込価額による評価額が1万円（消費税抜き）以下で
あること
(3)　おおむね5年以上の間隔で支給するものであること
　質問の置時計は，購入価額が5,000円であり，その処分見込価額は
10,000円以下と考えられますので，上記(1)および(3)の条件を満たすも
のであるかぎり，源泉徴収の対象とする必要はないと思われます。

〔他税目の扱いと留意点〕

消費税…上記の記念品の支給は，対価を得て行う資産の譲渡等ではありませ
んから，消費税は課税対象外となります（消法2①八，消基通5－1
－2）。また，役員に対する資産の贈与は，消費税の課税対象とさ
れる扱いがありますが，所得税が非課税とされるものについては，
この扱いを適用しなくてよいこととされています（消法4⑤二，消基
通5－3－5（注））。一方で，記念品の購入については，その物品が
課税仕入れに該当するものであれば，仕入税額控除の対象となりま
す（参考：消基通11－2－17）。

Q19　新校舎完成記念品

　当法人では，このほど大規模な新校舎が完成したので，全役員ならび
に教職員に，記念品として新校舎完成記念の彫刻入りの置物（購入価額：
彫刻費用含め10,000円）を支給したいと考えていますが，これは給与と
して源泉徴収の対象としなければならないでしょうか。

―*Answer*―

創業記念，工事完成記念等に際して支給する記念品については，次に掲げる要件をすべて満たしていれば，給与として課税しなくてもよいことになっています（所基通36−22）。

(1) 支給する記念品が社会一般的にみて記念品としてふさわしいものであること

(2) 記念品の処分見込価額による評価額が1万円（消費税抜き）以下であること

(3) 創業記念のように一定期間ごとに到来する記念に際して支給する記念品については，おおむね5年以上の間隔で支給するものであること

質問の置物は，校舎完成記念の彫刻入りであることから，その処分見込価額は10,000円以下と判断されますので，上記(1)および(3)の条件を満たすものであるかぎり，源泉徴収の対象とする必要はないと思われます。

〔他税目の扱いと留意点〕

消費税…上記の記念品の支給は，対価を得て行う資産の譲渡等ではありませんから，消費税は課税対象外となります（消法2①八，消基通5−1−2）。また，役員に対する資産の贈与は，消費税の課税対象とされる扱いがありますが，所得税が非課税とされるものについては，この扱いを適用しなくてよいこととされています（消法4⑤二，消基通5−3−5（注））。一方で，記念品の購入については，その物品が課税仕入れに該当するものであれば，仕入税額控除の対象となります（参考：消基通11−2−17）。

Q 20　教授等に支給する個人研究費の扱い

　本学園では教授および准教授に対して個人研究費として各職位に応じた年額を支給しています。これについては源泉徴収の必要があるでしょうか。

Answer

　個人研究費として支給されるもののうち，学園が当該教授等からその使途の明細や証憑を徴取し，かつ，購入した物品は学園に帰属するものとしている場合には学園の経費として扱われますが，渡し切り等の場合は当該教授等の給与（年額を一時に支給している場合は賞与）として源泉徴収する必要があります（所得税個別通達　昭33直所2-59）。

〔他税目の扱いと留意点〕

消費税…上記で，学園の経費として扱われるものは，支出の目的が課税される資産や役務であれば課税仕入となります。また，上記で給与となるものは不課税とされます。

Q 21　食事の現物給与の扱いとその評価

　当法人では，教職員の昼食について，業者の経営する食堂で使用できる食券を券面額の半額で販売していますが，この食券の差額については，現物給与として課税されますか。

Answer

　一般に学校法人（使用者）がその教職員に対して支給する食事については，次のように取り扱うこととされています（所基通36－38，同36－38の2）。

　まず，食事を無償で支給している場合は，その食事の価額がそのまま給与として課税の対象とされます。つぎに，教職員一人ごとに，食事の価額の50％以上の額をその教職員から徴収している場合は，源泉課税の対象とされません。ただし，教職員一人ごとにみて，食事の価額から教職員からの徴収額を差し引いた額（学校法人の負担額）が消費税抜きで月額3,500円を超えるときは，その者についての学校法人負担額が給与として源泉徴収の対象とされます。

　この場合の食事の価額は，次に掲げる金額によって評価します。

(1)　自学校法人で調理した食事の場合

　　材料等に要する直接費の額

(2)　業者等から購入した食事の場合

　　その購入価額

　質問の場合も，課税されないためには，学校法人の負担額が月額3,500円以内であることが必要ですから，毎月の券面額の半額での食券の販売を1人あたり3,500円以内とし，かつ，その食券の有効期限を1か月以内に限定するなどの工夫が必要です（各々消費税抜き額）。

　ちなみに，残業又は宿日直をした人に支給する食事については，その人の通常の勤務時間外における勤務としてこれらの勤務を行った人に支給するものである限り，課税の対象とされません（所基通36－24）。

〔他税目の扱いと留意点〕

消費税…消費税は，対価を得て行う資産の譲渡等について課税対象とするものですから，半額での食券販売収入が課税売上となります（消法

2①ハ，同4①)。ただし，この食券代金を預り金処理し，食堂業者に支払う代金の一部に充当している場合は課税対象とはなりません。一方，食堂業者に対する食事代金の支払いは課税仕入れとなりますが，上記の預り金を充当している場合は充当後の実際支払額が課税仕入となります（参考：消基通10-1-1)。

Q 22　教職員社宅の貸与にかかる経済的利益の評価

教職員のうち希望者に他から借り上げた住宅を貸与しています。一定額以上の家賃を徴収していないと経済的利益として給与課税されるといわれますが，どのように課税されるのでしょうか。

Answer

教職員（使用人）に住宅や寮等を貸与する場合については，その住宅等について次の算式によって賃貸料相当額（月額）を算定し，実際に徴収している賃貸料がこの金額に満たない場合には，その差額分が経済的利益として給与課税の対象とされます。

　A　その家屋の固定資産税課税標準額×0.2%

　　　　　　＋12円×その家屋の総床面積(坪)　　　　（家賃相当額）

　B　その敷地の固定資産税課税標準額×0.22%　　　（地代相当額）

　A＋B＝賃貸料相当額(月額)

ただし，実際に徴収している賃貸料の額が上記で算定された賃貸料相当額の50%相当額以上である場合には，課税の対象とする必要はありません（所基通36-45，同36-41，同36-47)。

このことは，質問のように，教職員に貸与している住宅等が他から借

り上げたものである場合の賃貸料相当額についても適用され，学校法人
が貸主に支払っている賃借料の額にかかわりなく，上記の算式によって
算定します。

〔他税目の扱いと留意点〕

消費税…消費税は，対価を得て行う資産の譲渡等について課税対象とするも
　　　　のですから，実際に徴収している賃貸料収入が譲渡対価となります
　　　　が，住宅の貸付けは非課税とされ（消法6，消法別表第一－十三），学
　　　　校が行った借上げおよび教職員への転貸ともに住宅の貸付けとして
　　　　扱われますので，借上げ家賃も転貸家賃も非課税となります（消法
　　　　2①八，同4①，消基通6－13－7）。
印紙税…建物の賃貸借契約書は，印紙税の課税文書には該当しません。

Q 23　役員社宅の貸与にかかる経済的利益の評価

　法人が役員に社宅を貸与した場合，一定額以上の家賃を負担させてい
ないと給与課税されると聞きました。課税されないためにはどの程度の
家賃を負担させればいいのでしょうか。

Answer

　役員（理事，監事）に住宅等を貸与している場合，徴収している賃貸料
の額がその住宅等の賃貸料相当額に満たないときは，その差額が経済的
利益として給与課税の対象とされます。
　この場合の賃貸料相当額（月額）の評価は，その住宅等の広さや，法

人所有であるか借上社宅であるかにより，その評価方法が異なります（所基通36−40，同36−41）。

① 「小規模住宅等」の場合

　役員に貸与する住宅が，木造住宅で132㎡（40坪）以下のものまたは木造以外の住宅で99㎡（30坪）以下のもの（これを「小規模住宅等」といいます）である場合は，その住宅等が法人所有であるか借上社宅等であるかにかかわらず，使用人（教職員）の場合と同様の算式（前問参照，ただし書きの適用はなし）により評価します。

② 「小規模住宅等以外の住宅等」の場合

　⑴ 法人所有の社宅等の場合…次の算式により評価します。

　　A　その家屋の固定資産税課税標準額×12%（木造以外は10%）

$$\times \frac{1}{12} \qquad \text{（家賃相当額）}$$

　　B　その敷地の固定資産税課税標準額×6%×$\frac{1}{12}$（地代相当額）

　　A＋B＝賃貸料相当額（月額）

　⑵ 借上社宅等の場合…法人がその借上社宅等の賃借料として実際に支払う金額（月額）の2分の1に相当する金額と，上記⑴の算式により計算した金額のうちの，多い方の金額が賃貸料相当額（月額）となります。

　なお，床面積が240㎡を超える等，豪華役員社宅に該当する場合の賃貸料の額は，その住宅等につき通常支払うべき使用料（一般相場による賃料額）で評価されることとなり，上記の評価方法は適用されません（所得税個別通達平7課法8−1，課所4−4）。

　質問の場合，その社宅が上記の各ケースにより，課税されないための一定額（賃貸料相当額）が異なりますので，各ケースごとに検討することとなります。

〔他税目の扱いと留意点〕

消費税…消費税は，対価を得て行う資産の譲渡等について課税対象とするも
のですから，実際に徴収している賃貸料収入が譲渡対価となります
が，住宅の貸付けは非課税とされます（消法6，消法別表第一－十三）。
借上げの場合も，学校が行った借上げおよび役員への転貸ともに住
宅の貸付けとして扱われますので，借上げ家賃も転貸家賃も非課税
となります（消法2①八，同4①，消基通6－13－7）。

印紙税…建物の賃貸借契約書は，印紙税の課税文書には該当しません。

Q24 人間ドックの検診料

　当法人では，毎年5月に，教職員の成人病予防の一環で40歳以上の希
望者を対象として当法人の指定病院で成人病検診を受診させることとし
ています。この検診料は全額当法人の負担としていますが，給与課税の
対象としなければならないでしょうか。

Answer

　雇用者が，人間ドックや福利厚生施設の利用料・運営費を負担するよ
うな場合には，それが教職員のうちの利用希望者全てを対象にするもの
であり，著しく多額なものでなければ，給与課税の対象としなくて差し
支えありません（所基通36－29）。

　質問のように，一定年齢以上の希望者全てを対象として人間ドックの
検診料を負担する場合も，役員だけを対象としている場合や，その費用
が検診料として通常必要であると認められる範囲を超えるような多額な

場合を除き，給与として課税しなくて差し支えないものと思われます。

〔他税目の扱いと留意点〕

消費税…上記で，検診を受ける者は実際には教職員等ですが，事業者（学校）が指定病院よりそのサービスを購入して教職員等に支給しているものと考えられますから，学校の支払う検診料は課税仕入れとなります。

Q25　無利息貸付けにかかる経済的利益に対する課税

　当学園では，教職員の福利厚生の一環として，一時貸付金（結婚，子息の学費など）の無利子貸付制度を発足させたいと考えています。
　無利子貸付けですので，利息相当額について給与課税の対象としなければならないと思いますが，具体的にどのようにして算定・徴収するのでしょうか。

Answer

　役員または使用人（教職員）に対して金銭を無利息または低利で貸し付けた場合には，原則として通常の利率による利息額との差額が経済的利益とされ，給与として課税されます（所法30①，所基通36－15(3)）。
　この場合の通常の利率とは，使用者（学校法人）が資金を金融機関等から借り入れて貸付けた場合はその借入金の利率，その他の場合は，利子税の税率として規定された特例基準割合による利率（措法93：たとえば令和２年中の貸付けの場合は1.6%）とされます（所基通36－49）。

ただし，つぎのような場合の経済的利益は給与として課税しなくてよいこととされています（所基通36－28）。

(1)　災害や病気などで臨時・多額の生活資金が必要となった役員や使用人（教職員）に対する，合理的な金額・返済期間の貸付け

(2)　使用者（学校法人）の借入金の平均調達金利等，合理的な貸付利率を定め，この利率で貸付ける場合の貸付け

(3)　上記した通常の利率による利息と実際に徴収する利息との差額が１年間で5,000円以下である場合

　なお，経済的利益が課税される場合には，各月ごとに給与として課税するか，１年を超えない一定期間ごとに課税することになります。具体的な徴収方法としては，その経済的利益を他の通常の給与と合算して徴収税額を算出し，その税額を通常の給与・賞与から徴収することになります。

〔他税目の扱いと留意点〕

消費税…消費税は，対価を得て行う資産の譲渡等について課税対象とするものですから，無利子での金銭の貸付けは課税対象とはなりません（参考：消法２①八，同４①）。

印紙税…金銭消費貸借契約書は，無利息であっても印紙税の課税文書に該当します（印法別表第一－３）。

Q 26　科研費で支払う研究支援者の給与

　当大学では，Ａ教授が文部科学省の科学研究費補助金を受けており，今般，研究支援者を雇用し，直接費から給与を支給することとしました。この給与の源泉所得税の扱いはどうなるでしょうか。

Answer

　科研費補助金を受給する研究者個人が直接研究支援者を雇用することはできません（平成14年文部科学省通知「科学研究費補助金の取扱いについて」14文科振第135号）。したがって，この研究支援者の雇用は学校法人が行い，給与の支給および源泉徴収についても学校法人の他の教職員と同様の扱いとなります。

　研究者個人は，学校法人に対してこの雇用に必要な経費を科研費から支出することとなります。

〔他税目の扱いと留意点〕

消費税…上記で，研究者個人から学校法人に支払われる雇用に必要な経費は，資産の譲渡等の対価に該当しませんので，学校法人の課税売上とはなりません。

Q 27 　外国人教職員の源泉税

当法人では，語学教育の充実のため，外人教員の採用を検討しています。外人に給与を支払う場合，源泉所得税はどのように扱われるのでしょうか。

Answer

外国人教職員を採用した場合の給与については，その外国人が居住者であるのか非居住者かにより，扱いが変わってきます。

居住者…日本に住所があるか，または1年以上滞在している人をいいます。このほか，継続して1年以上居住することが通常必要な職業を有する人は，居住者と推定されます（所施令14①）。

非居住者…居住者以外の人をいいます。

非永住者…居住者のうち，日本に永住する意思がなく，国内に住所・居所を有する期間が5年以下の人をいいます（所得税源泉徴収の扱いは一般の居住者とかわりません）。

その外国人が居住者の場合は，その給与については，日本人と同様に所得税（復興特別所得税を含む）を源泉徴収し，年末調整もする必要があります。

その外国人が非居住者の場合は，その給与については，原則として所得税（復興特別所得税を含む）を一律に20.42％で源泉徴収しなければなりません。ただし，短期滞在者，教授等，学生・事業修習者等に該当し，その外国人の居住地国と日本の間に租税条約が締結されている場合には，給与の支給前に「租税条約に関する届出書」を学校経由で税務署に提出することにより，所得税の軽減または免除を受けることができます。

外国人の住民税については，その年の1月1日までに1年以上日本に

住んでいて住所があるか，それ以外でも居住者とされる外国人は，１月
１日（賦課期日）の居住地に，その前年分の所得をもとに計算された住
民税を納めなければなりません。一方，非居住者である外国人には原則
として住民税はかかりませんが，３か月を超えて国内に居住し，住民基
本台帳に登録された場合は住民税が課税されることがあります。ただし，
これについても租税条約によって減免される場合があります。

Q 28　外国人留学生のアルバイト収入の源泉税

　当学園ではアジア数か国からの留学生が在籍し，学費の補助のために
近隣でアルバイト収入を得ている者が，事務局に租税条約に関する届出
書の記載を求めてきますが，免税が認められるのでしょうか。

Answer

　海外からの留学生が国内で収入を得る場合，その支払者において，原
則としてその留学生が居住者か非居住者かの判定をした上で各々所得税
の源泉徴収が必要ですが，とくにアジア諸国の多くとわが国とは，これ
を免税とする租税条約が締結されています。この免税の適用を受けるに
は，支払者を経由して所轄税務署に租税条約に関する届出書を提出する
ことが必要です。ただし，国により租税条約が締結されていなかったり，
締結されていても免税の条件はさまざまですから，その留学生の出身国
との間の租税条約を確認した上で的確に対応することが必要です。

Q 29　外人教授等の免税

当大学では，米国に居住している教授A氏を6か月間の予定で当大学の特別講師として迎え入れることとしましたが，A教授に対する給与については，所得税の源泉徴収はどのようにすればいいでしょうか。A教授は米国の市民権を有し，来日時に，日米租税条約による交換教授免税を受けるために，「租税条約に関する届出書」を提出しています。

Answer

　A教授は国内勤務予定期間が6か月（1年未満）なので，所得税法上，非居住者として扱われます（所令14①一）。

　また，日米租税条約では，日本にある大学その他教育機関において教育・研究を行うために日本に一時的に滞在する人が，米国で日米租税条約第4条1に定める（米国の）居住者に引き続き該当する場合に限り，その教育または研究について取得する報酬については，日本に到着した日から2年間は免税とされます（日米租税条約20①）。

　質問の場合，A教授は米国において居住者に該当しますので，当大学を経由して税務署に「租税条約に関する届出書」（米国の場合，「特典条項に関する付表」および米国の居住者証明書の添付が必要）を提出することにより，わが国の所得税法に優先して日米租税条約による交換教授等の免税の規定が適用され，当大学から受ける報酬については免税となり，所得税の源泉徴収は必要ありません。

　なお，令和元年8月30日にこの交換教授等の免税規定を廃止する旨の改正議定書が発効し，令和元年11月1日以後支払われるものについては適用されないこととされました（日米租税条約20条，改正議定書7条）。ただし，改正議定書の発効日（令和元年8月30日）現在でこの減免の特例を

受けている者については，その減免の要件が満たされるかぎり，今後も減免の特例を受けることができます（改正議定書15条）。

Q 30　米国の大学教授の講演料

当大学では，15日間の予定で来日した米国の著名なＳ博士（米国のＴ大学教授）に講演を依頼し，講演料を支払うこととしました。

Ｓ博士は個人の資格で来日したものですが，当学園が支払う講演料について，非居住者としての所得税の源泉徴収をしなければならないでしょうか。なお，Ｓ博士は，日本に恒久的施設を有しません。

Answer

わが国が締結している多くの租税条約では，医師や弁護士など特掲された自由職業者の所得について，恒久的施設を有しないかぎり免税とされていますが，日米租税条約では自由職業者の所得については医師や弁護士等のみならず，あらゆる事業を遂行する自由職業者について免税の規定（同条約第７条）が適用されます。

同条約第７条では，米国の企業や事業者は日本にある恒久的施設を通じて日本国内で事業を行わない限り，米国においてのみ課税することとされています。

したがって，質問の場合には，日本では免税とされますので，源泉徴収の必要はありません。なおこの免税の特例を受けるには，租税条約に関する届出を行うことが必要です。

（参考）　国税庁質疑応答事例「米国の大学教授に支払う講演料」

〔他税目の扱いと留意点〕

消費税…質問のＳ博士は非居住者ですが，国内において役務を提供しているため，その報酬は課税対象となります。したがって支払者としては課税仕入れとなります（消法４③二，消基通５－１－11，同５－７－15）。

Q 31 定年後引続き勤務する教職員に支払う退職金

　定年を迎えた教職員を嘱託として引続き勤務させますが，定年までの勤続期間について退職金を支給する場合，源泉徴収上，退職所得として扱っていいでしょうか。

Answer

　いわゆる定年に達した後引続き勤務する者に対し，その定年に達する前の勤続期間に係る退職手当等として支払われるものは，税務上，退職所得とされます（所基通30－２(4)）。

　これを含め，つぎの各場合に，引続き勤務する役員または教職員に対して退職手当として一時に支払われるもののうち，その勤続期間をその後に支払う退職手当の計算の基礎となる勤続期間に一切加味しない条件で支払われるものは，退職所得とされます（所基通30－２）。

(1)　新たに退職給与規程を制定し，または中小企業退職金共済制度もしくは確定拠出年金制度への移行等相当の理由により従来の退職給与規程を改正した場合において，教職員に対しその制定または改正前の勤続期間に係る退職手当等として支払われるもの

(2)　使用人（教職員）から役員になった人に対し，その使用人であっ

た勤続期間にかかる退職手当等として支払われるもの（退職給与規程を制定または改正した場合の，その制定または改正の時にすでに役員になっている人全員に対して退職手当等として支払われるもので，その各人が役員になった時までの期間の退職手当等として相当なものを含みます）

(3)　役員の分掌変更等により，例えば，常勤役員が非常勤役員（常時勤務していない人であっても代表権を有する人を除きます）になったこと，分掌変更等の後における報酬が激減（おおむね50％以上減少）したことなど，その職務内容またはその地位が激変した人に対してその分掌変更等の前における役員であった勤続期間に係る退職手当等として支払われるもの

(4)　いわゆる定年に達した後引続き勤務する者に対し，その定年に達する前の勤続期間に係る退職手当等として支払われるもの

(5)　労働協約等を改正していわゆる定年を延長した場合において，その延長前の定年（旧定年）に達した教職員に対し旧定年に達する前の勤続期間に係る退職手当等として支払われるもので，その支払を行うことにつき相当の理由があると認められるもの

　質問の場合も，その勤続期間をその後に支払う退職手当の計算の基礎となる勤続期間に一切加味しないものであれば，退職所得として扱われることとなります。

Q 32　諸報酬の源泉徴収のあらまし

　報酬・料金を支払う場合，その内容によって所得税源泉徴収の扱いが違うようですが，その概要について説明してください。

Answer

　所得税法では，国内において個人に対して支払われる報酬・料金のうち，特定のもののみについて，源泉徴収すべきこととされています（所法204，所施令320）。

　その概略を一表に示せば，つぎのとおりです。

根拠条文	報酬・料金の内容	源泉所得税額（復興特別所得税額を含む）
所法204①一	原稿の報酬，挿絵・写真・作曲の報酬，レコード・テープ等の吹き込みの報酬，デザインの報酬，放送謝金，著作権使用料，工業所有権等使用料，講演の報酬・料金，技芸・スポーツ・知識等の教授・指導料，脚本・脚色・翻訳・通訳・校正・書籍の装丁・速記・版下の報酬・料金，投資助言業務に係る報酬・料金	報酬・料金の額×10.21%ただし，同一人に対し1回に支払われる金額が100万円を超える部分については20.42%
所法204①二	弁護士・公認会計士・税理士・計理士・会計士補・社会保険労務士・弁理士・企業診断員・測量士・測量士補・建築士・建築代理士・不動産鑑定士・不動産鑑定士補・技術士・技術士補・火災損害鑑定人・自動車等損害鑑定人の報酬・料金	報酬・料金の額×10.21%ただし，同一人に対し1回に支払われる金額が100万円を超える部分については20.42%
	司法書士・土地家屋調査士・海事代理士の報酬・料金	（報酬・料金の額－1回の支払につき1万円）×10.21%
所法204①三	診療報酬（社会保険診療報酬支払基金が支払うもの）	（報酬の額－その月分の支払額につき20万円）×10.21%
所法204①四	職業野球の選手・プロサッカーの選手・プロテニスの選手・プロレスラー・プロゴルファー・プロボウラー・自動車のレーサー・競馬の騎手・自転車競技の選手・小型自動車競走の選手・モーターボート競走の選手・モデルの報酬・料金	報酬・料金の額×10.21%ただし，同一人に対し1回に支払われる金額が100万円を超える部分については20.42%
	職業拳闘家の報酬・料金	（報酬・料金の額－1回

		の支払につき5万円)×10.21%
	外交員・集金人・電力量計の検針人の報酬・料金	(報酬の額-その月分の支払額につき12万円(注))×10.21%
所法204①五	映画・演劇・その他芸能・ラジオやテレビ放送の出演・演出，芸能人の役務提供の報酬・料金	報酬・料金の額×10.21%ただし，同一人に対し1回に支払われる金額が100万円を超える部分については20.42%
所法204①六	ホステス・バンケットホステス・コンパニオン等の報酬・料金	(報酬の額-同一人に対し1回に支払われる金額につき1日あたり5,000円(注))×10.21%
所法204①七	野球の選手等の役務提供契約時の一時金	契約金の額×10.21%ただし，同一人に対し1回に支払われる金額が100万円を超える部分については20.42%
所法204①八	事業の広告宣伝のための賞金品	(賞金品の額-同一人に対し1回の支払につき50万円)×10.21%
	馬主に支払われる競馬の賞金	(賞金の額-(同一人に対し1回の支払につきその賞金額×20.42％+60万円))×10.21%

（注）　別途，給与の支給がある場合は，控除額からその給与額を差し引く。

　上記の表に掲げられた報酬・料金等は限定列挙ですから，これに類似するものでも，上記のいずれにも該当しないものは源泉徴収の対象とはなりません。

〔他税目の扱いと留意点〕

　印紙税…報酬・料金にかかる契約のうち，業務委託契約書は課税文書には該

当しませんが，請負契約書は課税文書となりますので，業務の内容によって判断することが必要です（参考：印法別表第一・二）。

Q 33　諸報酬の源泉徴収の要否

当学園では，報酬委託手数料の中に，次のような報酬・料金の支払いが含まれていますが，すべて所得税の源泉徴収が必要となるのでしょうか。

① 司法書士の登記事務手数料

② 医師に支払う，学生，教職員の健康診断料

③ 人材派遣会社に支払う，職員派遣料

④ 試験問題の作成料・採点料

⑤ サッカー部，テニス部，華道部のクラブ顧問の指導料

Answer

報酬・料金等として所得税の源泉徴収が必要なものは，所得税法に列挙されており，これに含まれないものは，所得税の源泉徴収をする必要はありません（所法204）。

また，法人に支払われる報酬・料金等は，特殊なものを除き，所得税の源泉徴収をする必要はありません。

質問の報酬のうち，①および⑤は，所得税法の定める報酬・料金に該当し，①については（1回の支払額−10,000円）×10.21％，⑤については10.21％（1回の支払額が100万円を超える部分については20.42％）の源泉徴収が必要となりますが，②〜④については源泉徴収をする必要はありません（所法204，同205，所施令320ほか）。

〔他税目の扱いと留意点〕

印紙税…報酬・料金にかかる契約のうち，業務委託契約書は課税文書には該
当しませんが，請負契約書は課税文書となりますので，業務の内容
によって判断することが必要です（参考：印法別表第一・二）。

Q34　人材派遣会社から派遣される職員

　当法人では，業務の一部を人材派遣会社からの派遣職員によっており，
給与はその派遣会社に支払っています。これについては所得税の源泉徴
収をしていませんが，問題ないでしょうか。

Answer

　人材派遣会社から職員等の派遣を受ける場合は，学校がその派遣会社
に職員等の派遣を委託する委託契約ということになります。したがって，
その支払いは派遣会社に対する委託料（報酬）です。
　かりにその職員の業務が学校法人の指示・命令に従って行われるもの
であっても，会社（法人）に支払う報酬に該当し，源泉所得税の徴収対
象とはなりません。

〔他税目の扱いと留意点〕

消費税…派遣職員の給与は，雇用契約ではなく，派遣元会社との間の委託契
約によるものですから，消費税の課税仕入れとなります（消基通5
－5－11）。

印紙税…派遣（委任）契約書は，印紙税の課税文書には該当しません。

Q 35　他法人から招いた特別講師の講師謝礼

　当学園はこのたび，他法人の某大学より講師を招き，特別講演会を開催することとしました。その講師に支払う謝礼について，源泉所得税はどのように扱ったらいいのでしょうか。

Answer

　ある役務の提供の対価が，給与であるか報酬であるかは，その役務の提供が，雇用契約またはそれに類する契約に基づいて非独立的に提供されるものであるのか，委託契約等に基づくものであるのか，によって判断されますが，それは，あくまで実態判断の問題です。その役務提供が，学校の指示・命令に従って行われる面が強ければ，雇用（給与）と判定されるでしょうし，一方，その役務提供者の主導のもとに行われる面が強ければ，委託（報酬）と判定されることになります（受領した人にとっては，給与は給与所得，報酬は事業所得または雑所得となります）。外部から招いた特別講師のような場合は，一般にその講師の方の主導のもとに行われる面が強いと思われますので，税務上は報酬と判断されることになるでしょう。したがって，個人に支払う講師報酬として10.21％，1回の支払いが100万円を超える場合はその超える部分については20.42％の源泉所得税の徴収対象となります。

〔他税目の扱いと留意点〕

　消費税…上記で報酬と判断された講師謝礼は，課税仕入れとなります。

Q 36　校医の報酬

　当校では，校医の先生に，毎月定額を給与として源泉徴収して支払っていますが，医師に対する報酬としなくていいのでしょうか。

Answer

　開業医あるいは病院の医師に校医を依頼し，毎月定額の校医報酬を支払うような場合，校医は学校における職制上の職位として位置づけることができますので，給与（乙欄で所得税を源泉徴収）として扱うことが一般的です。

　ちなみに，定期健康診断を依頼する場合の報酬は，税務上，一般に委託報酬となると考えられますが，所得税の源泉徴収が必要な報酬には該当しないため，源泉徴収の必要はありません。

〔他税目の扱いと留意点〕

　消費税…上記で給与となる校医報酬は不課税取引，報酬となる定期健康診断報酬は課税仕入れとなります。

Q 37　技芸クラブ指導講師の謝礼

　当学園では，華道クラブおよび茶道クラブの顧問を外部の講師に依頼していますが，所得税の源泉徴収は，どのように扱われますか。

---***Answer***---

　技芸，スポーツその他これらに類するものの教授，指導または知識の教授に係る講師謝金については，所得税法の報酬・料金に該当し，源泉徴収することが必要です（所法204①一，所施令320①，所基通204－6）。

　したがって，質問の場合も，技芸および知識の教授に該当しますので，その講師謝金を支払う際に，所得税を源泉徴収する必要があります。具体的には，各人ごとに支払額の10.21％，1回の支払額が100万円を超える場合はその超える部分については20.42％の税率で源泉徴収します。

　なお，これらの謝金であっても，雇用契約に基づく給与等に該当する場合には，給与所得として源泉徴収することになります。

〔他税目の扱いと留意点〕

　消費税…上記で報酬となる講師謝金は課税仕入れとなりますが，給与となる場合は不課税取引です。

Q38　司会の報酬

　当学校法人では，創立50周年記念祝賀会を開催するにあたり，その進行司会をプロの司会者に依頼することになりましたが，この謝礼は源泉徴収の対象になりますか。

---***Answer***---

　源泉徴収が必要とされるいわゆる報酬・料金は，所得税法に列挙されているものに限られており，司会の報酬は，所得税法に列挙されている

もののうち，講演料または出演料に類似しますが，これには該当しない
こととされています（所法204①一，同五，所施令320①，同④，同⑤）。また，
質問の司会の依頼は，委任であり，給与にも該当しませんから，その報
酬については，所得税の源泉徴収は不要となります。

〔他税目の扱いと留意点〕

消費税…上記司会の報酬は課税仕入れとなります。

Q 39　講演者に支払う旅費

　当学園では，創立50周年記念講演会の講演を外部のＫ大学の教授に依
頼しました。その謝礼として講演料100,000円および別途，旅費とし
て10,000円を支払う予定です。所得税の源泉徴収はどうなるでしょう
か。

Answer

　所得税法第204条に規定する報酬・料金，契約金には，名目の如何を
問わず，その性質を有するものは，たとえ謝礼，賞金，研究費，取材費，
材料費，車賃，記念品代，酒こう料などの名義で支払われるものであっ
ても，報酬・料金等に含まれます（所基通204－2）。

　質問の場合のように旅費として支払うものであっても，講演者に支払
うものは報酬の性質を有するものと認められますので，110,000円の全
額について講演料として10.21％の所得税の源泉徴収が必要です。

　ちなみに，講演の依頼者（当学園）がその講演者の旅費や宿泊費を負担

する場合でも，その費用をその講演者に対して支払わず，交通機関やホテル，旅館等に直接支払い，かつ，その支払金額が通常必要であると認められる範囲内のものであるときは，その金額については，源泉徴収の対象としないでよいこととされます（所基通204－4）。

〔他税目の扱いと留意点〕

消費税…上記講演料および旅費はいずれの場合も課税仕入れとなります。

Q 40　弁護士に支払う旅費

　当法人では，Ａ弁護士と顧問契約を結んでいます。今回，未収入金債権の回収に関する紛争解決のため，Ａ氏に調査・交渉等の諸手続きを依頼し，報酬および旅費実費を支払う予定です。旅費については，Ａ氏からの請求書に，旅行会社，ホテル等に支払った領収書を添付していただくこととしますが，この旅費も，報酬の一部として課税の対象となるのでしょうか。

Answer

　弁護士等が支払を受ける旅費や宿泊料は，その業務に関する報酬として源泉徴収の対象となります（所基通204－2）。

　ただし，報酬の支払者が直接交通機関やホテル等に支払うもので，通常必要と認められる範囲内のものについては，源泉徴収の対象から除外されています（所基通204－4）。

　質問の方法は，旅費等を直接交通機関やホテル等に支払うのではなく，

弁護士に対して報酬とともに支払うものですので，たとえ実費相当額で
あっても，弁護士報酬として源泉徴収の対象に含めなければなりません。
　なお，上記で弁護士が交通機関等から受領した領収証の宛名が学校で
あるなど，実態として立替払いであると認められる場合には，源泉徴収
の対象としなくて差し支えありません（令和2年7月国税庁取扱い）。

〔他税目の扱いと留意点〕

　消費税…上記弁護士報酬および旅費は課税仕入れとなります。

V　その他税目の
実務ポイント

1　登録免許税

> 　登録免許税とは…登記，登録や許認可について課される国税で，登記等の申請者が，申請時に申請先に対して納付します。税額が30,000円以下の場合には申請書等に印紙を貼付することで納付することができます。学校法人の行う教育用不動産の登記については，非課税の扱いがあります。

1　課税の範囲

　登録免許税が課税される登記，登録等は，不動産の登記をはじめ，特許権，会社の商業登記など，登録免許税法に列挙されたものに限定されます。学校法人の設立登記や代表権者の登記などは登録免許税法に列挙されていませんから，登録免許税はかかりません（登免法別表第一）。

2　課税標準・税率

　不動産の権利の登記の課税標準は所在市区町村の固定資産課税台帳に登録されている価格ですが，登録がない不動産については登記機関が認定します。税率は，所有権移転登記，所有権保存登記，抵当権設定登記等の別に定められており，たとえば所有権保存登記は1,000分の4（原則）です。

3　学校法人の非課税

　学校法人の行う次の登記には，登録免許税が課税されません（登免法4②，同別表第三）。

① 　校舎，寄宿舎，図書館その他保育または教育に直接必要な附属建物の所有権の取得登記

② 　校舎等の敷地，運動場，実習用地その他の直接保育または教育の用に供

243

する土地の権利の取得登記

　この非課税の扱いを受けるためには，登記を行う前に，その登記が上記①または②に該当することについて，学校法人の所轄庁（大学，高専設置法人の場合は文部科学大臣，それ以外は都道府県知事）に証明願を提出し，証明を受けたうえで，登記申請書にその証明書類を添付することが必要です。

　子ども・子育て支援新制度の適用を受ける保育・教育施設についても，上記と同様の非課税の措置があります。

② 印 紙 税

> 　印紙税とは…経済的取引などに関連して作成される一定の課税文書に課税される国税です。印紙税の課税文書を作成した者は，その文書に収入印紙を貼付し，消印することにより印紙税を納付しなければならないことになっています。一般に領収証は課税文書の一つですが，学校法人の作成する領収証については非課税の扱いがあります。

1　課税標準・税率

　印紙税の税額は，課税文書の種類ごとに1通または1冊あたりの金額で定められ，また契約書や受取書（領収証）についてはさらに記載金額ランク別に定められています。

　学校法人に関係すると思われる文書の課税関係は，次のとおりです。

文書の種類	税率（1通または1冊につき）	非課税文書
不動産・無体財産権（特許権・著作権等）の譲渡契約書 地上権・土地賃借権の設定または譲渡契約書 消費貸借契約書 運送契約書	契約金額10万円以下のもの　　　…200円 契約金額50万円以下のもの　　　…400円 契約金額100万円以下のもの　…1,000円 契約金額500万円以下のもの　…2,000円 契約金額1,000万円以下のもの…10,000円 契約金額5,000万円以下のもの…20,000円 契約金額1億円以下のもの　…60,000円 契約金額5億円以下のもの　…100,000円 契約金額10億円以下のもの　…200,000円 契約金額50億円以下のもの　…400,000円 契約金額50億円を超えるもの…600,000円 契約金額の記載がないもの　　…200円 （注）　不動産譲渡契約書については一部減額あり。	契約金額が1万円未満のもの
請負契約書	契約金額100万円以下のもの　　…200円 契約金額200万円以下のもの　　…400円 契約金額300万円以下のもの　…1,000円 契約金額500万円以下のもの　…2,000円 契約金額1,000万円以下のもの…10,000円 契約金額5,000万円以下のもの…20,000円 契約金額1億円以下のもの　…60,000円 契約金額5億円以下のもの　…100,000円 契約金額10億円以下のもの　…200,000円 契約金額50億円以下のもの　…400,000円 契約金額50億円を超えるもの…600,000円 契約金額の記載がないもの　　…200円 （注）　建設工事請負契約書については一部減額あり。	契約金額が1万円未満のもの
継続的取引の基本契約書	1　通…4,000円 （注）　期間3ヵ月以内で更新の定めのないものは除く。	
債務保証契約書	1　通…200円 （注）　契約金額の記載のないものを含む。	身元保証契約書

売上代金等の受取書	売上代金の受取書	・記載金額が5万円
	受取金額100万円以下のもの …200円	未満のもの
	受取金額200万円以下のもの …400円	・営業に関しないも
	受取金額300万円以下のもの …600円	の
	受取金額500万円以下のもの …1,000円	
	受取金額1,000万円以下のもの …2,000円	
	受取金額2,000万円以下のもの …4,000円	
	受取金額3,000万円以下のもの …6,000円	
	受取金額5,000万円以下のもの…10,000円	
	受取金額1億円以下のもの …20,000円	
	受取金額2億円以下のもの …40,000円	
	受取金額3億円以下のもの …60,000円	
	受取金額5億円以下のもの …100,000円	
	受取金額10億円以下のもの …150,000円	
	受取金額10億円を超えるもの…200,000円	
	受取金額の記載がないもの …200円	
	売上代金以外の受取書 1通 …200円	

2　学校法人の非課税

　学校法人等，会社以外の特定の法人が作成する受取書（領収証）は，営業に関しないものとして，印紙税が課されません（印法2，同別表第一-十七）。この扱いは，税務上の収益事業に関して作成するものについても適用されます。

　受取書以外の，不動産売買契約書，請負契約書等の印紙税課税文書については，学校法人が作成するものも一般と同様に課税されます。

　なお，学校法人等が実施する奨学金貸与金にかかる貸借契約書（消費貸借契約書に該当）で，無利息等一定の条件を満たすものとして文部科学大臣から確認書の交付を受けたものについては，印紙税が非課税とされています（措法91の3②：令和4年3月31日までに作成されるものにつき適用）。

③　不動産取得税

> 　不動産取得税…不動産取得税は，有償・無償又は登記の有無を問わず，不動産（土地や家屋）を購入したり，家屋を建築するなどして不動産を取得したとき，その取得者の申告に基づいて当該不動産所在の都道府県が課税する税金です。学校法人の取得した不動産のうち，教育の用に供する不動産は非課税の扱いがあります。

1　課税標準・税率

　不動産取得税の課税標準は，固定資産課税台帳に登録されている不動産については通常はその登録価格です。固定資産課税台帳に登録されていないものについては，都道府県知事が固定資産評価基準に基づいて評価・決定します。

　税率は，標準税率4％（土地・住宅については当面3％）を基準に，各都道府県が条例により定めることとされています。

　ただし，一定の宅地については当面評価額の2分の1が課税標準とされるほか，一定の住宅およびその敷地についても軽減措置があります。

2　学校法人の非課税

　学校法人が取得する次の資産については，不動産取得税が課税されません（地法73の4①三ほか）。

①　その設置する学校において直接保育または教育の用に供する不動産

②　その設置する学校および専修学校において寄宿舎の用に供する不動産

　この非課税の扱いを受けるためには，その不動産の所在地の都道府県税事務所に対し，不動産取得税非課税申告書（学校法人の所轄庁の非課税証明書を添付）を提出することが必要です。

子ども・子育て支援新制度の適用を受ける保育・教育施設についても，上記と同様の非課税の措置があります。

4　固定資産税，都市計画税

固定資産税とは…固定資産（土地，家屋及び償却資産）に対して，その価格を課税標準としてその所有者に賦課される市町村税（都の特別区の区域は都税）で，納税義務者は，原則として1月1日（賦課期日）現在，課税台帳に「所有者」として登録されている者です。学校法人の固定資産のうち，教育用等，その本来の用途に供する固定資産は非課税とされていますので，学校法人は，それ以外の固定資産を所有している場合のみ納税義務者となります。都市計画税もこれに準じます。

1　固定資産税の課税標準・税率

固定資産税の課税標準は，課税する各市町村が，総務大臣が告示した固定資産評価基準にしたがって算定した固定資産税評価額です（住宅用地は減免あり）。

税率は，標準税率1.4％を基準に，各市町村が条例により定めることとされています。

2　都市計画税

都市整備などの費用に充てるための目的税であり，原則として都市計画法による市街化区域内の土地・家屋について賦課される税金です。課税標準や非課税資産の範囲等は，固定資産税と同じです。また，税率は，制限税率0.3％を上限に，各市町村が条例により定めることとされています。

3　学校法人の非課税

学校法人が所有する次の資産については，固定資産税及び都市計画税が課税されません（地法348②九，同702の２②）。

①　その設置する学校において直接保育または教育の用に供する不動産

②　その設置する学校および専修学校において寄宿舎の用に供する不動産

この非課税の扱いを受けるためには，その不動産の所在地の市区町村に対し，固定資産税・都市計画税非課税申告書（学校法人の所轄庁の非課税証明書の添付が必要）を提出することが必要です。

子ども・子育て支援新制度の適用を受ける保育・教育施設についても，上記と同様の非課税の措置があります。

⑤　事業所税

　事業所税とは…事業所税は，大都市への人口や企業の集中に伴って必要となる都市環境の整備改善事業の財源に充てられる目的税で，東京都，政令指定都市のほか，人口30万人以上の市のうち政令で指定する市等で事業を行う者に課税されます。事業者は，各事業年度ごとに決算日後２ヵ月以内に申告・納付が必要です。学校法人については，法人税法上の収益事業を行う場合のみ課税されます。

1　課税標準・税率

事業所税の課税標準・税率は，「資産割」と「従業者割」に区分されます。「資産割」は，課税市内の事業年度末時点の事業所合計床面積１㎡につき600円（免税点：使用床面積1,000㎡以下），「従業者割」は，その事業年度に課税市内の事業所で支払われた従業者給与総額×0.25％（免税点：従業者数100人以下）です。

2　学校法人の非課税

　学校法人が行う事業のうち，法人税法上の収益事業（このうち，学生・生徒のために行う事業は含まれません）以外の事業については，事業所税は課税されません（地法701の34②，地施令56の22）。

　したがって，学校法人が税務上の収益事業を行っている場合には，該当する収益事業部分についての使用床面積および従業者給与総額をもとに事業所税の申告・納付をすることが必要です。

　なお，専修学校または各種学校（学校法人が設置するものを除く）が教育用施設で行う事業は課税対象となりますが，課税標準の2分の1が控除されます（地法701条の41①）。

⑥　自動車税，自動車重量税

　　自動車税環境性能割（旧自動車取得税）とは…新車，中古車を問わず，自動車を取得した者に課される都道府県税ですが，通常，その申告・納付は，車両登録手続の際に業者が代行します（令和元年10月から，自動車税環境性能割に改変されています）。

　　自動車税種別割（旧自動車税）とは…自動車の所有者に課される都道府県税で，自動車を新規に取得した場合には，通常，車両登録手続の際に業者が納付を代行します。また，その後の所有については，都道府県税事務所より納税通知書が送付され，それにしたがって納付します（令和元年10月から，自動車税種別割に改変されています）。

　　自動車重量税とは…自動車を新規登録した者および自動車検査証の交付を受けようとする者に課される国税ですが，通常，車両の新規登録手続および車検手続の際に業者が納付を代行します。

　　いずれも，学校法人が車両を取得，所有する場合にも，減免規定はなく，一般の会社や個人と同様の納税義務を負います。

1　自動車税環境性能割の課税標準・税率

　自動車税環境性能割の課税標準は，原則として実際の取得価額ですが，取得価額50万円以下のものについては課税されません。税率は，自家用車は1％〜3％，営業車は0.5％〜2％です。また，低公害車については非課税の特例があります。

2　自動車税種別割の賦課期日・税率

　自動車税種別割は，毎年4月1日を賦課期日として，その所有者に課税されます。自動車を新規に取得した場合には，通常，車両登録手続の際に業者が取得日に応じた月割額を代行して納付します。その後の所有については，毎年4月1日時点の所有者に対して都道府県税事務所より納税通知書が送付され，それにしたがって納付します。税率は，車種・用途・排気量等ごとに標準税率（金額）が定められ，その1.5倍を制限税率として，実際の適用税率は各都道府県が条例で定めます。また，低燃費車，低排出ガス車については，税率軽減の特例があります。

3　自動車重量税の納付方法・税率

　自動車を新規登録する場合および自動車検査証の交付を受ける場合に，所定の用紙に印紙を貼付する形で納付します。通常，車両の新規登録手続および車検手続の際に業者が代行します。税率（金額）は，車種・総重量・用途等に応じて定められています。また，電気自動車，ハイブリッド車等につては税率減免の措置があります。

【主な参考文献】

- 　日本私立学校振興・共済事業団　私学経営情報センター編「学校法人の経営に関する実務問答集」（2016年３月）
- 　日本公認会計士協会東京会編「学校法人税務の取扱いQ&A」日本公認会計士協会出版局（平成28年３月）
- 　濱田正義編「平成30年版消費税法基本通達逐条解説」一般財団法人大蔵財務協会（平成30年３月）
- 　吉田行雄　岡本勝秀　杉尾充茂編著「平成30年版源泉所得税相談事例集」法令出版（平成30年11月）
- 　税理士法人ゆびすい編著「子ども・子育て支援新制度の会計・税務・労務」税務研究会出版局（平成31年３月）
- 　佐藤友一郎編著「九訂版　法人税基本通達逐条解説」税務研究会出版局（令和元年７月）

著者紹介

佐々木　正（ささき　ただし）

公認会計士・税理士　昭和48年早稲田大学商学部卒。

東京国税局管内税務署勤務。

中央共同監査法人（現　あずさ監査法人）勤務を経て，

平成8年　公認会計士佐々木正事務所開設（現　所在地：東京都新宿区西新宿）。

平成10年4月　双葉監査法人代表社員（現）。

平成20年から平成23年7月　日本公認会計士協会学校法人委員会副委員長。

著者との契約により検印省略

平成25年12月15日　初版第1刷発行 令和2年12月15日　新版第1刷発行	〔新版〕 わかる　つかえる 学校法人の税務実務 〜ポイントとQ＆A〜

著　者　佐　々　木　　　正
発行者　大　坪　克　行
製版所　税 経 印 刷 株 式 会 社
印刷所　有限会社山吹印刷所
製本所　株式会社三森製本所

発行所　〒161-0033 東京都新宿区　　株式　税務経理協会
　　　　下落合2丁目5番13号　　　　会社
　　　　振　替　00190-2-187408　　電話　(03)3953-3301（編集部）
　　　　FAX　(03)3565-3391　　　　　　　(03)3953-3325（営業部）
　　　　URL　http://www.zeikei.co.jp/
　　　　乱丁・落丁の場合は，お取替えいたします。

ISBN978-4-419-06710-6　C3032